チベット 真実の時 Q&A

TIBET
LE MOMENT
DE VÉRITÉ
FRÉDÉRIC LENOIR

Nigensha
Simultaneous
World Issues

フレデリック・ルノワール［著］
神田順子［訳］

二玄社

ポタラ宮 (ⓒUkon Jumonji 2009)

チベット式仏塔チョルテンと地水火風空を表わす5色のタルチョ
(ⓒYusuke Memoto 2009)

チベット文化を担う若者たち (©Ukon Jumonji 2009)

日本のみなさんへ

チベットに関する私の本が日本でも紹介されることをたいへん嬉しく思うとともに、労を厭《いと》わなかった出版社ならびに訳者の皆様に心より感謝いたします。

チベットの本当の歴史、および中国との非常に複雑な関係についてご存じの方は、日本でもさほど多くないのではと思います。チベットは一三〇〇年以上の昔から独自の言語、宗教、文化を育んできました。広大な領土を持ちながら人口の少ないチベットが帝国さながらの強国となり、中国の皇帝たちを打ち負かし、古代ローマ帝国に匹敵する版図を誇った時代もあったのです。

一九世紀以降、チベットが持つ戦略拠点としての重要性と天然資源が、ロシア、イギリス、そして中国といった強国の欲望をかきたてました。この争奪戦の最終勝者となったのは、毛沢東率《ひき》いる共産党政権の中国でした。一九五〇年、「雪の国」チベットは中国に占領されたのです。以降、チベットは文字通り植民地化されました。しかし、中国の軍事的な厳しい締め付けと政治的プロパガンダにもかかわらず、チベットの人々は強い愛国心を抱き続け、二〇〇八年三月の激しい暴動が示したように独立回復をひたすら願っています。

チベットの国としてのアイデンティティーの核となっているのは仏教です。チベットの人々が六〇年間も中国による植民地化政策に抵抗しているのは信仰心に支えられているからです。そして彼らのリーダーであるダライ・ラマは平和的な戦いと叡智に富む教えと行動によって、世界中の人々の関心と尊敬を集めています。

私はこの本の中で、チベットの歴史、チベットと中国の国民性、チベット仏教とダライ・ラマについて語るとともに、「神秘の国」チベットがなぜ欧米を魅了してきたのかを振り返り、国際社会はチベット問題にどのように向き合うべきかを考察しました。アジアの仏教国の一つであり、中国から儒教をも受容し、経済大国として近隣諸国に影響力をもつ日本で、私の分析がどのように受け止められるかと、わくわくする思いです。

二〇〇九年二月

フレデリック・ルノワール

チベット　真実の時　Q&A●目次

I　伝統的なチベット

Ⅱ 中国による侵略　その理由と結果

Ⅲ チベットの未来

装丁・桂川潤
組版・デルタネットデザイン

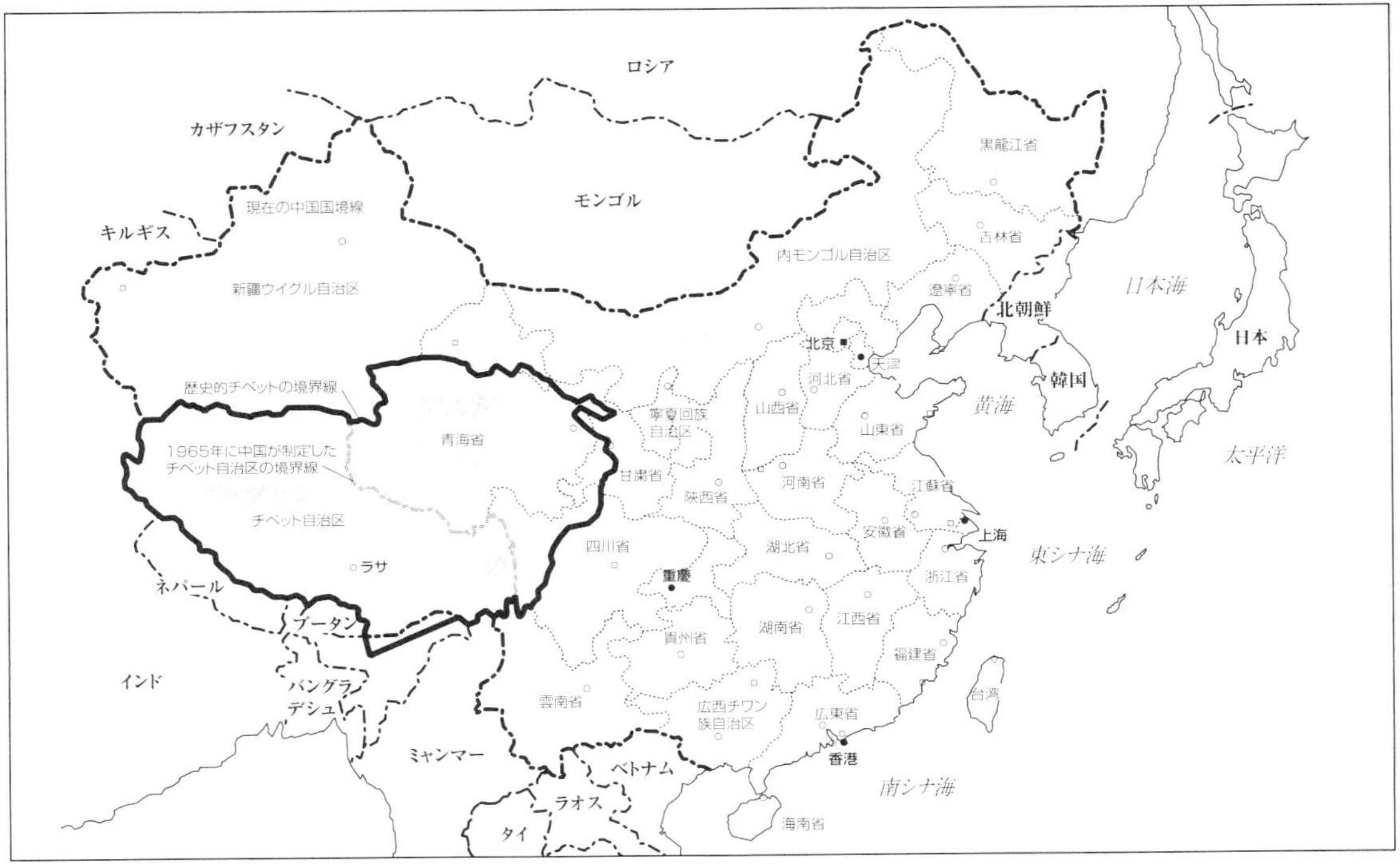
ロシア
カザフスタン
モンゴル
キルギス
現在の中国国境線
新疆ウイグル自治区
黒龍江省
吉林省
内モンゴル自治区
遼寧省
日本海
北朝鮮
日本
北京
天津
韓国
河北省
歴史的チベットの境界線
寧夏回族
自治区
山西省
山東省
黄海
青海省
1965年に中国が制定した
チベット自治区の境界線
甘粛省
河南省
太平洋
江蘇省
陝西省
上海
チベット自治区
四川省
湖北省
安徽省
東シナ海
ラサ
重慶
浙江省
ネパール
湖南省
江西省
ブータン
貴州省
福建省
インド
バングラ
デシュ
雲南省
広西チワン
族自治区
広東省
台湾
ミャンマー
ベトナム
香港
南シナ海
ラオス
海南省
タイ

惻隠《そくいん》の心無きは、人に非ざるなり。羞悪《しゅうお》の心無きは、人に非ざるなり。辞譲の心無きは、人に非ざるなり。是非の心無きは、人に非ざるなり。

(他者を思いやる心がなければ人間とは言えない。恥を知る心がなければ人間とは言えない。謙譲と礼節の心がなければ人間とは言えない。真実と虚偽とを区別する心がなければ人間とは言えない。)

孟子

私が語る言葉には、同朋に多大な苦しみを与え、家々や文化を含む祖国の破壊を引き起こしている人々に対する怒りも憎しみも含まれていません。彼らも幸福になろうと懸命に努力している人間であり、私たちは思いやりを持って接するべきなのです。私が語るのは、祖国の悲しい現状と、同朋が何を切望しているかを皆様にお伝えするためです。自由を求める私たちの戦いにおいて、真実こそが私たちに与えられた唯一の武器だからです。

テンジン・ギャツォ、ダライ・ラマ一四世

(一九八九年ノーベル平和賞授賞式のスピーチ)

はじめに

今から五〇年前（一九五九年三月）、ラサで暴動が起こった。その結果、何千人ものチベット民間人が犠牲になり、若かったダライ・ラマは急遽《きゅうきょ》祖国を離れてインドに逃れることを余儀なくされた。それから半世紀、チベットの人々の状況は悪化する一方であった。北京オリンピック（二〇〇八年八月）とそれに先立つチベット各地での騒乱は中国政府にとって、何千もの人々を逮捕し、過去にもまして自由を渇望するチベット人たちに対する締め付けをいっそう強化する機会となった。自分たちの文化と一〇〇〇年以上の歴史がある宗教を死守しようとしているチベットの人々にとって残されている時間は限られており、彼らの絶望はかつてないほど大きい。

チベットの歴史を左右しかねないこの時期に私が本著の執筆に取り組んだのは、事実を冷静、客観的に振り返り、「中国が祖国を支配し圧政を敷いている」と訴えるチベット人の言い分が全体として正しいことを示すためである。しかし、私が書くのは反中国の本ではない。私は中国が好きだ。広大な国土、その民族、何千年もの歴史を誇る文明、芸術と精神文化の伝統は以前から私の関心を掻き立ててやまない。私は中国が大好きであり、その偉大な国民が半世紀以上も共産主義イデオロギーを標榜する政治体制の人質となっている事態を深刻にとらえている。この政治体制は圧政を常道とし、今や追求する目的はただ一つ、「どのような対価を払おうとも権力を死守すること」である。毛沢東は、中国史に残るすべての暴君を合計したのよりも大きな苦しみを国民に与えた。毛沢東の恐怖政治は二五〇〇万〜四〇〇〇万の犠牲者を出したと推定されている。その毛沢東が一九七六年に死去したのち、同志であった鄧小平が権力を掌握した。彼は妥協のない全体主義と決別し、市場経済を是認することで体制を守り、イデオロギーに凝り固まった数十年の結果である袋小路から国を救い出そうと試みた。この方針転換の成果は劇的であった。経済成長は年率一〇パーセント前後となり、中国は世界第四位の経済大国となった。同時に孤立から脱して諸外国に門戸を開き、次第に国際社会のルールも受け入れるようになった。ただし、受け入れを認めない例外がある。民主主義と人権尊重である。

その理由はイデオロギーとは無縁だ。今日、共産主義は中国の指導者たちにとって使い古した建前にすぎない。一三億もの人口を抱えるこの大国を一握りの特権階級が支配しており、締め付けの放棄と民主化はこうした現体制の崩壊に直結する、というのが本当の理由だ。今までのところ、約四億人の中国人が近代化で恩恵を受けたが、九億人は取り残されており、後者の社会的権利は無いに等しい。その一方、少数の特権階級（その全員は共産党の幹部および指導者たちの家族）は（ユーロ換算での）百万長者となり、国家のすべての機構は無論のこと大手私企業の大半も支配している。自らの正当性を主張するため、この専制的な体制はさまざまな手法で国民の愛国主義をあおっている。中国人は自国の過去を誇りに思い、イギリスによる植民地政策や西洋による支配に屈辱を感じてきた。この国にとって、国際オリンピック委員会が決定した北京オリンピック開催に勝る贈り物はなかった。中国にとって？　それとも中国の現体制にとって？　中国人の大半が北京オリンピック開催を誇りに思っていることは確かだが、体制正当化のためにインパクトあるシンボルを必要とする政府にとってこれは願ってもないイベントである。こうした催事によって国民の目をそらしたい問題はいくらでもある。公の場で自由に意見を表明する自由の不在、情報統制、何百万人もの囚人が使役に就いている再教育キャンプ、社会的不正義の拡大、年間何千にも及ぶ死刑執行とそれに伴う臓器の闇取引、党幹部の大半が手を染めている汚職、一日一ドル以下で暮らしている三億に上る中国人の貧窮、無料で受けられる医療や労働者の権利を要求して毎年何万も起こるデモの弾圧、自由な組合組織設立の全面禁止、警察署や刑務所で当たり前のように行われている拷問、反体制派の精神病院での幽閉、北京オリンピックや上海万博のための都市整備を理由に立ち退きを強制された何十万もの人々の怒り等々である。

チベットの砂粒

中国人たちにとって八は縁起の良い数字である。したがって北京オリンピックは二〇〇八年八月八日の八時八分に開幕した。二〇〇一年に北京開催が決定して以来、オリンピックを大成功に導くために中国は細部に至るまで入念に準備した。政府はオリンピックに四〇〇億ドル以上の予算（史上最高額）をつぎ込み、大規模なインフラ工事は記録的な短期間で終了した。開催六か月前の時点では、すべてが順調そのものと思われた。世界中のメディアは大々的な特集を組み、中国社会の変容ぶりを（どちらかと言えば）称賛する口調で伝えていた。人権に関しては問題なしとはとても言えないが、中国社会の変化と中国経済の奇跡的飛躍に目を奪われたメディアは人権についてはあまり考えないことにした。「人権問題に焦点を合わせない」というスタンスをとったのだ。ことは中国の思惑通り、寸分たがわず進んでいた。中国のオリンピック委員会と政府は大成功を予測して互いに称え合った。中国を二一世紀の近代国家として世界に認めさせるイベントだからである。ところが、突如として砂粒が舞い降りてお祭り気分に水を差した。予測もしていなかった小さな砂粒である。

一九五九年、中国による占領に抗議してラサで暴動が起き、中国軍が民衆に向けて機関銃掃射した結果、何万人もの民間人が犠牲となった。それから四九年目の記念日に当たる二〇〇八年三月一〇日、拘束されている僧侶たちの解放とダライ・ラマの帰還を求める数百人のチベット僧侶がラサで平和的にデモを行った。そのうちの何人かが中国当局によって逮捕された。翌日、彼らの釈放を求めてさらに大規模なデモが行われた。警察は暴力をもってこれを抑えつけた。その一方、デモは暴動へと変質した。数日で抗議行動は歴史的チベット（その多くは現在、中国に組み入れられている）の多くの地方へと波及した。三月一四日、反中国の騒乱がラサをはじめとする各地で勃発する。五〇年の植民地政策に怒るチベット民衆によって暴行される中国の民間人も現れた。死者も出た。中国軍は民衆に発砲し、多くの犠牲者が発生した。二四時間以内にすべての外国人とジャーナリストはチベットから退去させられた。そして三週間も経たないうちに騒乱は鎮圧された。死者と負傷者はおそらく何百人にのぼり、何千人もが逮捕されたと思われる。正確な数はつかみようがない。中国はいまだに世界最大の独裁国であり、チベット、ウイグル、モンゴル、回族などの少数民族を弾圧している。この事実に世界の人々が突如として気づく……これは中国当局にとって最悪のシナリオであり、これを回避するため、邪魔な目撃者を排除してから事態の鎮圧にあたったのだ。なお、少数民族は中国の人口の七パーセントにも満たないが、中華人民共和国によって中国に併合された彼らの領土は中国国土の六〇パーセントに相当する。これらの民族は、これ以上ないくらい乱暴なやり方で制圧され、植民地化された。共産主義のローラーで押しつぶされ、何とか自分たちのアイデンティティーを残そうと努めているのが彼らの現状だ。チベット問題が起きなかったとしたら、これら少数民族のことを思い出す人などいなかったろう。

チベットは中国指導者たちにとって悪夢である。軍事、政治、人口、経済の多岐にわたる植民地化政策に対して、こんな小国の人々が六〇年近くもどうして抵抗を続けることができるのか？　アクセスが難しく、何世紀も仏教僧侶の支配を受けていたこの国に対して、なぜ西洋の人々がこれほど大きな共感を寄せるのであろうか？

一九八九年の春、チベットで今回と同じような騒乱が起こった。時のチベット自治区共産党書記であった胡錦濤はこれを力ずくで鎮圧し、戒厳令を敷いた。この「功績」により、胡錦濤の共産党内における地位は飛躍的に上がったものの、中国にとって面白くない結果も生み出した。一九五九年にチベットを脱出してからインドで亡命生活を送っているチベットの最高指導者、ダライ・ラマに対するノーベル平和賞授与である。「ラサの殺戮者」とも呼ばれる胡錦濤は今や中華人民共和国の国家主席であるが、一連の事件以来、ダライ・ラマに対して強い怨念を抱いており直接対話を断固拒絶している。そして今回は北京から指令を送り、二〇年前に負けぬほどの強権をもってチベットで再び起きた騒乱を鎮圧した。胡錦濤は誰よりもよく知っていたのだ。チベット騒乱が大規模になれば多くの血が流れ、オリンピックの開催は夢と終わると。だから騒乱は短い時間に鎮圧された。が、ダメージは生じてしまった。たった数日で、世界のメディアの関心は中国の経済や技術の飛躍的進歩にではなく、この国の人権問題やイデオロギー締め付けに向けられた。チベットの小さな砂粒が北京オリンピック準備の整然たる秩序を乱したのだ。北京オリンピックはスポーツイベントとして成功したが、またしても暴力的体質を露わにしてしまった中国政府にとっても、忸怩《じくじ》たる思いを抱いて参加した国々にとっても苦い後味を残した。

活動家たちによる情報操作

チベットと聞くと感情的な反応を示す人たちがいる。欧米には、かなり少数派だが大変に活動的な二つの圧力グループが存在し、正反対の二つの立場を声高に主張している。チベット寄りの活動家たちの一部は伝統的なチベットを完璧な世界だったと考え、チベットのラマ（師僧）たちを傑出した人々として理想化している。その一方、中国寄りの活動家たちはダライ・ラマを邪悪な人物とみなし、中国人民解放軍は地獄のような伝統的チベットで苦しんでいた不幸な民を解放した、と信じている。どちらの主張も不正確であり、私たちの目を明白な事実から逸らしてしまう。伝統的チベットには大きな欠陥があったのは確かだ。だからといって中国による植民化と日常化している収奪を正当化することはできない。

こうした二つの対立するグループが二〇〇八年三月以降、偽りに満ちた手法を用いて世論を操作しようとしている。その具体例を二つばかり挙げてみよう。騒乱の直後、一枚のショッキングな写真がインターネットを介して世界中に流れた。中国兵が街中《まちなか》でチベット僧の僧衣に着替えている写真である。添えられたコメントによると、これはラサ上空から衛星が撮影した写真であり、騒乱の引き金を引いたのは僧侶に変装した中国兵たちであり、中国が自作自演の騒乱で厳しい弾圧を行ったことを証明している。これこそ、チベット寄り活動家たちによるとんでもない情報操作である。写真が撮影されたのは二〇〇八年ではなく、中国のテレビドラマの撮影現場で二〇〇三年に撮られたものである。中国製作のこのドラマでエキストラを演じようとするチベット僧など一人もいなかったので、製作者は人民解放軍に協力を求めたのである。だから、仏僧に変身中の中国兵士たちの姿が写真となったのだ。

中国寄りの活動家たちも情報操作では負けていない。もう一つの噂がインターネットを駆け巡った。ジャン＝ジャック・アノー監督の映画『セブン・イヤーズ・イン・チベット』でブラッド・ピットが演じたハインリヒ・ハラーは実在の人物であり、ラサで少年時代のダライ・ラマと出会っている。「実は、このハラーをラサに派遣したのはヒトラーとヒムラーであり、その使命は若きダライ・ラマの家庭教師となってチベットを親ナチスに導くことだった」という噂が流されたのである。フランスでは、ローラン・ディスポという人物（ベルナール＝アンリ・レヴィが主宰する雑誌『ラ・レーグル・デュ・ジュー』の編集者だそうだ）が二〇〇八年四月二五日、リベラシオン紙にダライ・ラマを攻撃する記事を書いた。何の根拠も示さずにダライ・ラマは反ユダヤ主義者であるとさんざんにほのめかし、例の噂を取り上げてナチとのつながりがある、と露骨に非難している。「この六〇年、ダライ・ラマは自分の家庭教師がヒトラーとヒムラーから一九三八年に託された使命について口を閉ざしている。この使命に秘められたオカルト的、人種差別的、戦略的な動機についても何も語ろうとしない」。これもまた、歴史的真実のお粗末極まりない歪曲である。この主張は（意図的に、もしくは無知蒙昧によって）何の関係もない二つの事実を混同している。

「プラトンが伝えるところの海底に沈んだ神秘の大陸、アトランティスの生き残りがチベット人である」という荒唐無稽なオカルト話にヒムラーが関心を示していた、というのが第一の事実である（これについてはQ26の項を参照のこと）。ナチスの理論家たちは自分たちが「ピュアな人種」の子孫であると主張していたため、ヒムラーは「ピュアな人種」の発見に取り組んでいたのだ。「聖書が伝えるところの大洪水が地球を飲み込んだあと、優秀で文明的だった人種が高い山へと逃れて生き延びた」という説があり、ヒマラヤはそうした山の一つ、とされた。ヒムラーはそこで、動物学者エルンスト・シェーファーを団長とする科学探検隊を組織、チベットに派遣した。チベット政府から何度も拒絶されたのち、調査団一行はついにチベット入国を許され、一九三九年一月一九日にラサに到着して二か月滞在した。シェーファーは摂政と会見したが、そのころ三歳であったダライ・ラマ一四世とは会っていない。一四世は遠く離れたアムド地方で「発見」されていたが、ラサにはまだ連れてこられていなかった（Q3の項を参照のこと）。

第二の事実は、ハインリヒ・ハラーが行った遠征登山である。オーストリア出身の有名な登山家であるハラーは一九三八年にナチスの党員となり、他のスポーツ選手とともにヒトラーと写真に収まった。その翌年、現在はパキスタン領土となっている地域へと遠征登山に出発する。第二次大戦が始まってすぐ、彼は登山隊の他のメンバーとともに英軍に捕らえられたが一九四四年に脱走、追っ手から逃れてチベットへと向かった。そして一九四六年の一月にラサにたどり着く。チベット文化に傾倒し、言葉を学び、やがてラサの人々の信頼を勝ち得て、ダライ・ラマの夏の離宮に置かれた映写機を修理する技術者としてチベット政府に雇われ、若いダライ・ラマ一四世と一九四九年に初めて出会った。当時一四歳であったダライ・ラマはハラーという西洋人とその技術力に魅了された。そして、ハラーを通じて西洋の風俗や伝統について学んだ（ハラーがナチス親衛隊に属していたことなど、誰も知らなかった）。二人が定期的に会っていたことは事実だが、「ハラーはダライ・ラマの家庭教師であった」との執拗な主張は事実無根である。ハラーは一九五一年、中国軍が侵攻する直前にラサを去った。その後、世界中で遠征登山を数多く果たし、チベットでの体験を本にして出版したが、短期間とは言えナチス親衛隊に属していたことには一切触れなかった。この事実が明らかになり、ダライ・ラマをはじめとして世間がハラーの不名誉な過去のエピソードを知ったのはジャン゠ジャック・アノーの映画（一九九七）が上映された直後であった。

以上で分かるように、リベラシオン紙の記事を書いたディスポはヒムラーとハラーを混同し、虚偽の理由を持ち出してダライ・ラマが口をつぐんでいる、と非難しているのである。

以上の二例（挙げようと思えば他にもいくらでもある）は、チベット問題が人々を熱くさせること、ゆえにチベットに関する情報や分析は信頼性を慎重に確かめながら進める必要があることを教えてくれる。真実を曲げずとも抑圧されたチベットの人々に共感を覚えることは可能だし、歴史を書き換えずとも現在の中国の政治体制に共感を覚えたりダライ・ラマに反感を持ったりすることは可能なのだ。二八の質問とその答えで構成されている本著を読んでいただければ、チベットと中国との間には長い歴史があることが明らかになる。それは、時として頭が混乱するほどに錯綜した歴史である。

必読の書である『チベット史』（今枝由郎訳、春秋社）の著者であり、本著の原稿を注意深く読み、貴重な意見を寄せてくれたロラン・デエに厚い感謝を捧げる。

著者のウェブサイト：http://www.fredericlenoir.com

I 伝統的なチベット

扉写真　「雪の国」チベットは独自の文化と伝統を誇る。
数多くの僧院が立ち並ぶラサのポタラ宮周辺。
© Lotus 2008

Q1　チベットはどこにある？
Q2　この国はいつ、どうやって成立したか？

人がチベットを話題にするとき、いったいどの「チベット」を指しているのだろうか。現代中国の指導層にとってチベットとは、毛沢東の人民解放軍による「解放」から一五年後の一九六五年に中華人民共和国の一地方として公式に誕生した「チベット自治区」である。このチベットは一二〇万平方キロメートルという広大な面積をもち、自治とは名ばかりで北京の中央権力に全面的に支配されており、かつては人口のほとんどがチベット民族であった、という点が特徴である。一九五九年以降インドで亡命生活を送るダライ・ラマ（一四世）が率いるチベット亡命政府がいかなる国家からも公認されておらず、世界地図にチベットが中国の一部として描かれていることで明白なように、国際社会は「チベット自治区」を黙認している（理由についてはこれから詳しく探っていく）。しかし、チベット人の認識はまったく異なる。彼らにとってチベットは独自の文化とアイデンティティーをもつ主権国家であったが、一九五〇年以来、隣の強国によって侵略され、植民地化されている祖国である。

事実関係から言えばチベット人の言うことが正しい。七世紀から二〇世紀中頃まで、状況によって領土の範囲こそ変化したが「歴史的チベット」なるものは確かに存在していた。チベット王国の最盛期、その勢力範囲はシルクロード上に点在する敦煌やホータンのオアシスまで広がり、さらにはヒマラヤ山脈、カラコルムの山塊、現在は四川省となっている平原にまで及んだ。国運は九世紀に大きく傾きかけたが、失った地域はおもに北部であり、チベットはなお、フランスの七倍にあたる約四〇〇万平方キロメートルという広大な面積をもつ巨大な国であった。大雑把な分類をすると、チベットは三つの大きな地方に分けることができる。西半分が中心部のウ・ツァン、そして東半分にアムドとカムがある。一八世紀初頭、中国はアムドとカムの一部を吸収し、それぞれを青海省・四川省の地方として編入した。一九四九年の共産党革命によってチベット領土の境界線はさらに書き直され、ついで一九六五年、チベット自治区の創設によって今日われわれの知る姿となり、かつてと比べて面積は三分の一になってしまった。

世界の屋根

平均標高が四〇〇〇メートルという歴史的チベットは、世界で最も高く、最も広い高原である。アジア大陸の中央に位置し、東部は中国の平原に始まって徐々に高度を増し、南部と西部に連なるヒマラヤ山脈（長さ二五〇〇キロメートル）に至る。このヒマラヤ山脈がインド、ネパール、ブータンとチベットを分かっている。自身の領土内には標高六〇〇〇メートル以上の山脈がいくつも横断しており、砂漠、険しい峡谷、肥沃な平原、緑豊かな谷、広大な森林など、非常に変化に富んだ風景が見られる。ブラマプトラ川、メコン川、長江（揚子江）、黄河など、アジアを潤す大河の大部分は、チベットにその源流を発している。

西洋社会で用いられている「チベット」という語は、アラビア語のチュベットから派生したものといわれている。この言葉が最初にヨーロッパの文献に登場するのは一一六五年で、トゥレダのベンヤミンというユダヤ人旅行家の筆によるものである。私は本書の後半（Q26の項）で、何世紀もの間、この遥かかなたの近寄りがたい土地が、いかに西洋人を惹きつけてきたかを検証することにする。この高原の住人は、自分たちの土地を「ポー」と呼んだ。またはより詩的に、カンチェン・ユル（雪の国）とも呼び、自らを「ポパ」（ポーの人々の意）と称した。

政治的・文化的統一

かつてチベット高原には多くの小王国が群雄割拠していたが、七世紀初頭にナムリ・ソンツェン王による統一国家が誕生した。ラサの南東の谷を中心にヤルルン（吐蕃）王朝が始まり、二代目のソンツェン・ガムポ王の時代におおいに栄えた。この王の治世の末期（六四一年）にチベットは政治的にも統一され、その頃までにはインドのアルファベットをもとにした独自の文字が作られ、複雑な行政機構による組織的な領土の統治が始まった。次の世紀にかけて、チベット王国の領土は飛躍的に拡大した。ティソン・デツェン大王（在位七五五―七九七）の遠征軍は、東進して中国（唐）の首都長安（現在の陝西省西安）にまで達した。チベット軍は略奪をほしいままにし、中国の新皇帝を指名して（ただし、その治世はごく短期間で終わる）退却した。西方への拡大は、バグダッドのカリフが率いるアラブの強力な軍隊によって阻止されるまで続いた。八世紀末、ヨーロッパにカロリング朝フランク王国が興った頃、チベット人の王国はユリウス・カエサル当時のローマとほぼ同等の版図をもつに至った。近隣のアジア諸国はみな震え上がり、なかでも唐は辞を低くして七八三年にチベットとの間に平和条約〔建中の会盟。唐の青海の領土をチベットに割譲〕を結んだ。

おそらく、チベット人としてのアイデンティティーはこの幸運な時代に固まっていったのだろう。これ以後のすべての時代、今日に至るまで、チベット人はソンツェン・ガムポ王をチベットの国父とみなすようになった。事実、この王の時代以後、周辺の異民族たちと峻別できる政治＝文化的な共同体が形成され、風土、身体的特徴、社会組織、生活様式、言語、服装、宗教や信条などの面で強い同質性を示す証《あかし》が現れてくるようになった。チベット人は共通の記憶を有している。それは創世神話に基づくもので、チベットの人々は羅刹女《らせつ》〔女悪魔、岩の精女〕と雄猿の夫婦の子孫であるとされる。後代に導入された仏教はこの伝説に修正を加え、猿を偉大な聖人の化身とみなした。だからチベット人は穏やかであると同時に気性が荒いのだ、という。

宗教の重要性

大多数の民族にとって宗教は民族的アイデンティティーを構成する重要な一要素である。しかし、ここチベットで宗教は特別な地位を占めている。この点については本書でこれから何度も強調することになる。宗教はチベット人の文化と精神性を理解する重要なカギの一つであり、無神論者にして共産主義の中国との間に深刻な緊張関係を生み出しているからだ。

その強い宗教心は一部、「雪の国」の大変に特異な風土に起因していると思われる。とてつもない高地にあるため、太陽は一種特別な光を帯びており、空との間に一体感のようなものが生まれる。人も住まぬ広大な空間が存在し、気候は厳しい（灼熱の太陽と酷寒）。このため、多くの旅行者はもちろんのこと、かの地の住民の目にチベットは神秘的なオーラに包まれていると映るのは確実だ。フランスの女性探検家アレクサンドラ・ダヴィッド＝ネールは、一九二四年にラサまで到達できた最初のヨーロッパ人女性である。彼女はそれに先立つ一九一七年、最初のチベット潜入滞在のあとで夫にこう書き送っている。「私は自分の故国でもないチベットを恋しく思う。ステップ地帯、人気《ひとけ》のない場所、万年雪、高所の澄み切った大きな空……これらがずっと私についてまわる！　つらい時間、飢え、寒さ、身を切るような風に私の唇は腫れて膨らみ、血がにじむ。雪中の野営、凍ったぬかるみのなかでの睡眠……、でもそんなものはたいしたことないのだ。そうしたみじめさはたちまち過ぎ去ってしまう。聞こえるのはただ風の歌だけ、草木すら生えない荒野の孤独、奇妙な形をした岩山の混沌とした広がり、目もくらむ高さの尖鋒、まばゆい光に満ちた地平線……、やがてその静謐のなかに永遠に浸って、やすらぎを覚えるようになるのだ。この地はこの世のものではない。そこは別世界の国、巨人や神々の国なのだ。私はずっと魔法にかかったまま、醒めないでいる」

チベット最古の宗教は、自然の要素に結びついた様々な信仰の集合体であり、各地の原初民族に共通して見られるシャーマニズムである。チベット人はとりわけ山を神格化した。人々は、そこかしこの谷間や懸崖、水の流れや岩山に住まう神々の機嫌を取り結ぼうとして、あるいはその怒りを遠ざけようとして、供物を捧げたり儀式を行ったりした。山々に寄せる信仰の大半はより象徴的な次元に昇華されて仏教に取り入れられたものの、自然崇拝的な宗教感情は現代もなお人々の心に根付いている。特別に名前をもたなかった民間信仰は、占い、妖術、魔法とも結びつき、しだいに寺や聖職者をもつ組織化された一つの宗教と共存するようになる。これがボン教であるが、その起源は（大雑把に言えばチベットだが）いまなお専門家の検討対象となっていて定かではない。動物を生贄に捧げる風習や、山岳信仰も行われていた。この宗教は、ソンツェン・ガムポ王の治世の頃に、仏教の導入によって衰退していった。

偉大なる君主ソンツェン・ガムポ王は、仏教徒の二人の王女を后に迎えた。一人は中国から〔唐の太宗の皇女・文成《ウェンチャン》公主〕、もう一人はネパールから〔王女ブリクティ〕。どちらも隣国との同盟関係を固めるための政略結婚だったが、結果としてこれが「雪の国」における最初の仏教導入となった。しかし、仏教が真の飛躍を遂げたのは、それから一世紀後にティソン・デツェン王が最初の僧院を建設した時である。中国の仏教よりも、仏教揺籃の地であるインドの仏教のほうに魅力を感じたチベット人たちはインドの数多くの経典を翻訳し、サンスクリット語・チベット語の最初の大辞典を編纂した。

しかし、宮廷の内部分裂と陰謀が果てしなく続いた後、九世紀半ばから王国の崩壊が始まると、仏教もその余波を受けた。一〇世紀末以降、最も遠い地に所有していた領土を失うと、かえってチベット王国は政治・宗教の双方で比較的安定するようになる。この時期が、歴史家たちのいう「仏教の第二次伝播期」にあたり、仏教の主な諸宗派や無数にあった僧院の求心力で国家が統一されていった。これについてはQ４の項で詳述する。民間信仰が根強く存続し、仏教と融合していった間に、ボン教もまた変化を遂げ、いくつかの面ではチベット仏教に影響を与えつつ、自らも仏教を範として体裁を整え、哲学的思潮や教義を生み出し、仏教の大宗派に倣《なら》って僧院を開いた。

信仰心が厚いチベット人は政治の中心にも宗教理念を反映させることになる。七世紀、最初のチベット王ソンツェン・ガムポは、ブッダの教えに影響を受けた一連の法律を編んで体系的な法典としてまとめ、これがやがて国家の政治ルールの基礎となる。後のティソン・デツェン王の治世で仏教は国家宗教となった。「仏教の第二次伝播」以降――多くの場合、モンゴルや満州など外部勢力の力を借りて――宗教者が世俗的権力の中枢を占めることが多くなった。こうした下地があって、一六世紀以後にゲルク派の僧侶、ダライ・ラマが政治権力を一手に担うに至る。

国境

チベットの国境問題は非常に複雑である。それはこの国の歴史の流れの中で版図が大いに揺れ動いたうえ、地方によっては明確な自然の障壁がないので、国境線を引くことがきわめて難しいからである。チベットは征服した遠方の領土を次第に失い、支配地域は先に「歴史的チベット」と定義したチベット高原に限定されるようになった。一〇世紀から二〇世紀にかけての約一〇〇〇年間に、チベットの国境に目立った変動はなかった。国境線は南、西、北方向はほとんど変化がなく、わずかに東方に動きがあっただけである。カム、アムド両地方の輪郭はあまりはっきりせず、中国とチベットとの力関係によって変化しがちであった。メコン川と長江の上流部では、一八世紀以降、チベットと中国の間で国境紛争が頻発した。時としてチベット側は、二つの大河を越えて中国の四川高原の果てまでも自分の領土だとして争った。

何世紀にもわたり、東のカムおよびアムド地方では中国語方言がチベット語に取り入れられ、中国語方言にチベット語が取り入れられもした。いつの時代もこの地の住民は自分たちがチベット文化に帰属していると感じていたものの、中国とチベットの対立関係を利用してラサの中央権力の支配を逃れようとしていた。とは言え、中国の権力になびくこともなかった。こうしたカムとアムドのどっちつかずの曖昧な状況を中国共産党は完璧なまでに利用した。東部チベットを侵略した中国は、これは中央チベットによる支配からカムとアムドを解放するため、あるいは両地方に根強く残っていた封建制のくびきを取り除くためだ、と主張した。しかし中国が東チベットを支配下に置き、伝統文化を根こそぎにしようとすると、これら二地方、ことにカムの住民は、中央チベットよりも激しい抵抗運動を展開した。二〇〇八年三月の騒乱において、最も激しい抗議活動が繰り広げられたのも、約二〇〇年前に中国に大部分を吸収されたこれら東部二地方であった。これこそ、チベット自治区だけでなく歴史的チベット全域においてチベット人のアイデンティティー問題がくすぶったままであることの証左である。怨念は古くからの波乱に満ちた歴史に根ざしているのかもしれない。

Q3　チベット人と中国人の類似点と相違点は？

ここまで見てきたように、歴史的に見れば、中国側の論理に基づいてチベット占領を正当化することは誤りだ。人間や文化の面ではどうだろうか。これについて考察してみると、中国人とチベット人はまったく異なっているものと思われる。

身体的特徴、気質、生活様式

第一に、チベット人と中国人には身体的に似通った部分がない。チベット人はユーモアをこめて、「赤ら顔のツァムパ食い」（ツァムパは炒った大麦の粉）と自称する。チベット人は典型的なモンゴロイドであるが、皮膚の色は相当に濃い。形態学的に見て中国人との違いは明らかだ。中国人は一般にチベット人ほどずんぐりした体形ではなく、皮膚の色は薄い。現代中国人の九三パーセントは「漢族」と呼ばれる民族に属している。チベット人はこれとはまったく違う別の民族である。チベット人の国民食はツァムパだが、中国人の主食は米である。食習慣の違いは、この二つの民族の住む環境が根本的に違っていることに起因する。中国では広大な平地で農業を営むのに対して、チベットは山岳地帯である。このため、中国人はかなり早い段階で定住生活に入って平原で農業を営んだが、チベット人は基本的に遊牧民である。チベット人の一部が定住生活に移行し、高地で農業を始めたのはかなり後のことである。中国人とチベット人は気質においても歴然と異なるが、その大きな要因は、生活様式の違いにあるといえよう。山岳地帯の遊牧民であるチベット人は自由闊達だが、平原の定住生活者である中国人ははるかに思慮深く、規律を重んじる。チベット人はどちらかといえば個人主義者であり、中国人は何よりも自分の属する集団への帰属意識が高く、集団全体の利害を重んずる。チベット人はかなりの神秘家、夢想家で想像力に富んでいるが、中国人は実際家であり、より物質主義的である。

この二つの民族の中から育った宗教は、それぞれの気質の違いを反映して、まったく異なったものとなった。

神秘的なチベット、あの世の探求

Q1—2の項で見たように、チベット人の宗教的傾向は間違いなくその環境の影響を受けている。雄大な自然が無限の空間に広がり、雪を戴く山嶺は天と親しく言葉を交わしているようだ。地平線は果てしなく続く。このような自然環境に身を置けば、人間の心は夢や詩情、神秘的なものへと向かうものである。事実、チベット人は伝説や神話を愛してやまない。彼らは、どんな奇跡にも驚くことはなく、誰であれ宗教指導者には超自然の力があると信じる。まじないや迷信を伴う民間信仰が根強く残ったのはこのためである。したがって、仏教もチベットでは特異なかたちをとり、不可思議な現象や予言、超自然的な力を呼び起こすとされる儀式などに彩られている。フランス人なら、誰しも『タンタン　チベットをゆく』（エルジェ作、川口恵子訳、福音館書店）を知っている。あの本には、「雷恵坊《ドウクタラマ》」という名の一介《いっかい》の僧侶が突然空中に浮かび上がるのを見てタンタンとハドック船長が驚く、というシーンが出てくる。この先のQ26の項で改めて触れるが、超自然的なパワーをもつラマが住む「魔法のチベット」というイメージは、最初にこの地に入ったヨーロッパ人探検家の報告に基づいて一八世紀以降ヨーロッパに根付いている。しかし、これは大多数のチベット人が自分の国に対して抱いているイメージでもある。彼らは奇跡譚のたぐいを好む傾向が強い。

豊かな想像力から生まれるこうした思い込みは、死後の世界に思いをはせる神秘家的な気質と結びついている。古くからあるボン教の儀式のテーマは、死者の魂があの世の幸福な地に行き着くまでの道程《みちのり》である。ボン教に入れ替わってチベットの国教となった仏教も、チベット人の最大関心事に応《こた》えることになる。すなわち、『死後の魂の解放〔輪廻からの脱却〕を求め、解放が叶わなくともせめて来世において良い転生を得ることを願う気持ち』に応えたのである。有名なチベットの死者の書『バルド・トドゥル』について聞いたことのない人はいないだろう。この本は、魂が死後に出会うさまざまな障害を乗り越える助けとして、僧侶もしくは一般信徒が死の床にある者の枕辺で読むものである。業《ごう》（カルマ）、すなわち輪廻転生の条件を決める因果応報の定めを改善することこそ、チベットの人々が常に抱いている願いであり、そのために巡礼し、供物を捧げ、祈りを唱えるのである。よく生きることとは、ある意味で死を学ぶことである。すなわち、現世を生きるということは、十分に功徳を積み、魂の本質をできる限り深く知ることによって、死後に幸福な生活を送るための条件を整えることである。死後の幸福な生活とは、良い転生を遂げることかもしれないし、一種の天国のようなところに魂が移ることかもしれないし、魂の本質を完璧に実現することかもしれない。要するに、チベット人の視線は常に天に向けられているとも言えるし、心の内面に向けられているとも言える。どちらも結局、同じことである。

中国の儒教：この世における秩序と調和の探求

その反対に、中国人の視線は地上に、そしてこの世にしっかりと向けられている。中国人の発想の中に神秘主義的傾向がないわけではない。中国の主な宗教の一つに老子による道教があるが、これは来世をどう考えるかという一種の神秘思想である。また、五世紀に中国に広まった仏教も同様である。しかし根本的には、中国人の宗教的傾向はチベット人と比較してはるかに世俗的であり、主たる関心事は現世を調和の中に生きることである。そのために肝心なのは、個人が正しく振る舞い、グループの中で自分にふさわしい場所をわきまえて矩《のり》を超えないことだ。社会の安定に貢献しつつ、個人の平穏な精神状態を保つことが理想だ。これが中国人の最も根本的な行動原理、儒教の教えである。共産主義思想によって迫害されたとは言え、儒教は今も中国人のメンタリティに深く根付いている。中国共産党でさえ、公式には反宗教を標榜するものの、儒教精神にかなり近い考えをもっている。それでは儒教とはどういった思想であろうか。

一般に孔子という名前で知られている（イエズス会がConfuciusと表記した）孔夫子は、紀元前五五〇年頃に現在の山東省に生まれた。彼は穀物倉の番人という小さな公職から出発し、やがて羊小屋の世話係になった。しかしこれは彼の天職ではなかった。彼は人に道を説くことを望んだ。弟子たちに囲まれ、自らの知識を伝え、やがて世界初の公に開かれた学校を設立した。社会的な地位に関わりなく、眼鏡にかなった者には誰にでも門戸を開いた。この間に孔子はその思想を深め、五〇歳になった頃、自らの思想を実践する目的で公職に戻った。伝記によれば、四～五年で驚くべき成果を達成し、孔子の名は世間に広く知られたが、宮廷の役人からは妬みと憎しみを買うことになった。孔子は前四七八年頃に亡くなったが、その教えは弟子がまとめた五つの書物の形で今に伝えられている。彼は故郷の村にほど近い、山東省の曲阜という地に慎ましく葬られたが、子孫のそのまた子孫の墓碑が無数にその墓を取り囲み、そこは「孔林」

（「孔子の森」）と呼ばれるようになった。この広大な墓域は、孔子の七六代までの子孫たちの墓が密集している。七七代目の直系の子孫は、現在台湾に存命している。

魂や神について問う人々に対して、孔子はこう答えている。「鬼神を敬して此れを遠ざく」（祖先や神々に対しては十分に敬意を捧げるが、離れたところにお祭りする――『論語』雍也篇二二）（貝塚茂樹編『論語』に拠る、以下同）と。この言説は来世に関する懐疑主義というより、人智の及ばないことからは距離を置く姿勢の現れである。「未だ生を知らず、焉《いずく》んぞ死を知らん」（生についてまだよく知らないのに、どうして死のことまでわかるものか――『論語』先進篇一二）。これは弟子の子路《しろ》がこのことについて尋ねた際の孔子の答えである。孔子には神秘主義の色がほとんどないことは明白だ。孔子は先祖を祀る儀礼を細心に行ったが、それは祖霊崇拝を社会の秩序、ひいては森羅万象の調和のための基本的な手段と見ているからであり、個人的に神々と接触する意志はもっていない。当時すでに胎動していた道教の大本《おおもと》であるシャーマニズム的宗教や、すべての中国人が受け入れていた気や魂、宇宙秩序を形成するエネルギーへの信仰（陰陽五行）に逆らって、非常に実際的な教えを説いたのが孔子なのだ。「吾嘗《かつ》て終日食らわず、終夜眠《い》ねず、以《もっ》て思う。益なし。学ぶに如《し》かざるなり」（以前私は一日中絶食し、一晩中眠らず考えつづけたが、しかるべき効果はなかった。しっかりと書物を読んだり人の教えを聞いたりして学ぶしか方法はない――『論語』衛霊公篇三一）。これこそ人類史における最初の不可知論ではなかろうか。子路の別の質問に対する孔子の返答にも、それがうかがわれる。「天何をか言わんや。四時《しじ》行われ、百部生ず。天何をか言わんや」（天は何も話さないが、四季は変化し、万物は成長する。天は何も語らなくともちゃんと規則を示すものだ――『論語』陽貨篇一九）。孔子は神々の有益性を認めるが、それは、「自分たちは神々から監視されている」と思えば人は身を律するからである。

中国の「三教」、すなわち儒教、道教、仏教のなかで、儒教は明らかに最も宗教性が薄く、最も典礼主義的である。老子のように、孔子もまた「道」を尊び、自然やその運行を考察し、それらと一体化する知恵を説いた。さらに孔子は、自然の要素が個々に独立して存在するものではなく、その間に絶えず「気」が流れているために常に相互依存関係にある、と見ていた。気とは自然の呼吸であり、生命を活性化するエネルギーの流れである。雲を動かす風にも、雨を降らせる雲にも、弟子に教えを施す師にも、成長する植物にもこのエネルギーが流れている。老子も孔子と同様に自然の仕組みを考察するが、老子にとって自然は個人の救済の基礎であるのに対し、孔子はそこに社会組織全体の基礎を見る。道教の賢人・老子は気を自在に操る方法を求めたが、儒教の祖・孔子はそうした努力は空しいと考えた。彼は、いかなる技術や祈りも気の流れを変えることはできない、と言い、唯一有益な行為は自然の法則に適《かな》った行為だ、と説く。具体例を挙げるなら、雨乞いよりも賢くて効果的な方策は乾季を見越して水を貯めておくことである。『易経』は孔子の作ではないが儒教の教義の軸となっており、宇宙に自然に備わっている位階（ヒエラルヒー）を認めて謙虚に受け入れるべきだと説いている。ある山は他の山よりも高いし、すべての星が同じように光っているのではない。地上の至るところ、ごくささやかな川が大河に沿って流れている。まして人間界には、主人がいて使用人がいる、役人がいれば兵士もいる、年寄りがいれば若者もいる。この位階が自然界ひいては人間界に確立しているのは、これが諸悪の根源である無秩序に対する最良の砦だからだ。孔子の説く理想社会とは、各々が自らの立場をわきまえて、それにふさわしく振る舞う社会である。「君君たり、臣臣たり、父父たり、子子たり」（王は王として、臣下は臣下として、父は父として、子は子として――『論語』顔淵篇）。これは、政治について尋ねた斉の景公に対する孔子の簡潔な答えである。しかしこのような位階は、ヒンドゥー教のカースト制度や封建社会の固定的身分制度のように、ひとたび定められたら二度と変わらないというものではない。古来の規律を尊ぶ態度とは矛盾しているようだが、孔子は社会の流動性が必要だと説いている。当時の社会を支配していた旧い階級制度のもとでは、農民の子は否応《いやおう》なしに農民に、役人の子は役人になったが、孔子はこれに異を唱えたのである。「性は相近し。習えば相遠ざかる」（すべての人間は本質において同じものである。違うのは各人の慣習の部分だけである――『論語』陽貨篇二）。高貴な血筋は生まれ持った特権であり、孔子はそんなものより心の高貴を重んじた。孔子は権力の世襲を排し、能力に応じた昇進制度に代えることすら思い描いていた。その場合、昇進のための唯一の有効な武器は学問である。

ヒエラルヒーを重んじ、規律を守ることを絶えず心がけよ、と孔子は説くが、これについて首をかしげる人もあるだろう。子には親を敬うように、下の者には上の者に従うように、孔子は何度も繰り返し求める。すべての事柄において人は社会の決まりごとに順応すべきである。孔子によると、この規則に違反することは宇宙や自然の聖なる秩序に背く「瀆神《とくしん》」なのである。しかし孔子の関心が向く先は社会よりもむしろ個人である。孔子の目標は完璧な社会を創造することではなく、人格陶冶に貢献してこの上なく優れた人を育てることであった。なぜなら個人の質が高くなれば、社会はおのずと良い方向に向かうからである。これこそ彼が何度も説いてやまない「仁の徳」である。「己れに克《か》ちて礼に復《かえ》るを仁と為す」（自己にうちかって礼の規則にたちかえることが仁ということである――『論語』顔淵篇一）。その仁の徳とは、「恭と寛と信と敏と恵」（礼儀正しく、おおらかで、誠実で、行動がすばやく、恵み深いこと――第一七　陽貨篇六）である。ひとことで言えば、仁の徳を持つ者は「人を愛す」（『論語』顔淵篇二二）者であり、ユダヤ教の聖典タルムードの教えにも、ギリシャ哲学にも、イエス・キリストの言にもある黄金律、すなわち「己れの欲せざる所を人に施す勿《な》かれ」（『論語』顔淵篇二）を守る者である。孔子によると、人は古人に学んでその知恵を発見することで、仁の徳や社会の調和を保証する知識を獲得することができる。孔子には人間に対する信頼があり、誰のうちにも徳の種子があると考える。「人の生《い》くるや直《なお》し（人間はまっすぐに生きていく）」（『論語』雍也篇一九）。孔子は抽象的な知識欲を満たすための学問ではなく、目覚めと向上を求めて学ぶことを奨励する。その結果として各人は自分自身で規律を発見することになる。その規律とは、ユダヤ・キリスト教で見られるような道徳的禁止事項（罪の意識）に基づくものではなく、普遍的な調和を保証し、世界の永続にとって欠かせない自然の法則に基づく規律である。

孔子は祈祷も祈りも行わず、何も期待できないことを知っているので神々に願い事もしなかったが、祭礼を完璧に遂行することを重んじた。孔子にとって祭礼とは、目上の者に対する儀礼であるとともに、神聖なるもの、特に先祖に対し、帰依というより尊敬のしるしとして犠牲を捧げる行為であった。犠牲の本当の意味を尋ねた信奉者に対して、師は手のひらを見せて冷めた答えを与えた。「知らざるなり。その説を知る者の天下に於けるや、それ諸《これ》を斯《ここ》に示《み》るが如きかと、その掌《たなごころ》を指せり」（「祭礼のことなど」私は知らない。それを知っている人なら、世界のことも、これを見るようなものだろう、と言って、手のひらを指差した――『論語』八佾篇一一）。しかしながら、儒教には「信奉者たちが何から何まで典礼化した生活を送っている、がんじがらめの宗教」といったイメージがある。儒教の典礼主義は、人々が従うべき自然の秩序を象徴し、この秩序に呼応するものだ。祭礼の意義は、いかに行動すべきかをわれわれに自覚させることによって、この秩序の永続性を守ることにある。行動を誤ることは、自然の法則に逆らうだけでなく、自分自身の利益にもならない。孔子がよく言うように、河の流れに逆らって進もうとするのは無意味な行為なのだ。自然の秩序に従ってこそ、人間は世界を構成する一つの要素として安定を見出し、儒者の最も大事な徳行である「膨大な規範の学習」に励むことができる。宗教のような規律に則って組織化されているとはいえ、儒教は実のところ宗教的というより遥かに哲学的である。

これまで見てきたように、儒教によって精神を形成された中国人は、チベット人と比べて、集団、秩序、ヒエラルヒーを遥かに重要視する。私の見方によればこれこそ、個人よりも集団の利益を尊重するイデオロギーそのものである共産主義体制に中国人が適応し、いまでも適応し続けている大きな理由である。母国中国からチベットが「離脱」することを断固として許さないのも、集団の利益を優先する考え方による。事情をほとんど知らず、歴史的真実についてまったくの無知とさえ言える中国人は、チベットを中国という国家にとって戦略上重要な切札と見ており、チベット人の要求を一顧だにしない。「チベット人も集団の利益を優先すべきだ」と考えているのである。

しかし、祖国ではない国家のために犠牲になれ、と頼まれて承知する民族などいるだろうか。

Q4 なぜ仏教がチベットのアイデンティティーの核なのか？

伝統的チベット、さらに今日のチベット社会を理解するためには、チベット仏教と、チベット人の集団的アイデンティティー形成にチベット仏教が果たした役割を知ることが何よりも肝要である。その前に、仏教とはそもそも何であるのか、またこの「雪の国」チベットにいかに仏教が導入されたかを簡単に見ておこう。

ブッダとその生涯

仏教の起源は、紀元前六世紀頃に今日のインド北部の小国に実在した人物にある。公式なブッダ伝はかなり後代に作られ潤色されたものではあるが、考古学的データで裏付けできる事実も含まれている。シャーキャ（釈迦）族の若き王子ゴータマ・シッダールタ（ブッダの別名はシャーキャムニ（釈迦牟尼）＝「シャーキャ族の聖者」である）は、ある時、動きもままならぬ老人の姿、瀕死の病人の苦しみを目にし、葬列に行き交い、穏やかに瞑想している者に出会った。これを契機に王子は父親の宮殿を去る。人生は苦しみの連続でしかないことを知ると、苦行や厳しい禁欲生活も体験したが、それも空しいことに気づいた。心の本質に対する無知（無明）

が人のあらゆる苦しみの根源である。どうしたら、この無明から決定的に解放されるのだろうか。極端な苦行を放棄して、心の散乱を静め長い無言の瞑想（禅定）に入り、遂に「悟り（解脱）」に至った。すべてを理解し、精神的に解放されたのである。教義の出発点となるこの究極の体験によって、王子はブッダ（覚者＝悟りを得た者）という別名を得た。この時から入滅するまでの四〇年間、彼は自分が発見した法《ダルマ》を教え、教団《サンガ》を組織した。

その教えの基本は四諦《したい》（苦諦《くたい》・集諦《じったい》・滅諦《めったい》・道諦《どうたい》）と呼ばれる。苦諦は「人間の存在そのものが苦しみである」という真理であり、集諦は「苦しみの原因は煩悩や欲望である」という真理、滅諦は「苦しみの無くなった境地（煩悩の消滅）が悟りである」という真理である。そして道諦は解脱の道の真理であり、最終的な解放（涅槃《ねはん》〔ニルヴァーナ、すべての苦しみの元が消滅する理想の世界〕）へと導く高貴な八つの正しい道（八正道）を含む仏道を指す。仏教は内的な体験と理性に基づく理路整然とした哲学的なシステムであるが、インド宗教文化の基本的な考え方（輪廻、業、転生）を採り入れ、その後の歴史のなかで数多くの儀式を編み出したがゆえに宗教でもある。「瞑想は自分自身と精神の働きに関する真の知識をもたらすとともに、『自我』という幻想から人間を解き放つ。自我は、苦しみをもたらすあらゆる執着の根源である」と考える仏教は、瞑想の体験に基づく修行の道を説く。近代西欧の用語をもちいるならば、仏教とは、個々人が内面の自由を妨げるこだわりや欠陥（その最たるものは無知）を正し、徳（その最たるものは正義に適《かな》った意思）を最大限に伸ばして、揺るぎない究極的な心身の幸福を得ることを目指している、といえよう。

上座部仏教と大乗仏教

ブッダの死後、弟子たちはその教えを伝え、教団を発展させた。北インドで生まれた仏教はたちまち広がって、南はセイロン島（現在のスリランカ）へ、東は、今日のタイ、ベトナム、ラオス、カンボジア、ミャンマーといった地域にまで及んだ。この最初期の仏教は、上座部《じょうざぶ》仏教といい、主として個人の解放（解脱）を目的にした。その理想を体現したのは阿羅漢《あらかん》（羅漢）であり、これはブッダに次いで悟りを啓いた聖者で、輪廻の地獄を脱して涅槃に達したとされている。しかし、これから数世紀後、アジアの北方の国々（ネパール、中国、モンゴル、日本、朝鮮、チベット）に伝播する過程で仏教は顕著な進化を遂げ、「すべての生きとし生ける者に対する慈悲」という概念を生み出した。この慈悲が教義の中心になった結果、瞑想者たちは輪廻《サムサラ》を脱して決定的な解放（解脱《げだつ》）に達する時期を遅らせ、無明の中で苦しむ衆生を救うためにこの世に再び生まれ変わるべきだ、と考えるようになった。衆生救済のために敢えて涅槃に到達すること（成仏《じょうぶつ》）を辞退するボーディサットヴァ（菩薩《ぼさつ》）が理想とされた。こうした思想の信奉者は、大乗（マハーヤーナ、大きな乗り物）の信者と自らを呼ぶようになり、古い仏教を小乗

（ヒーナヤーナ、小さな乗り物）と呼んだ。「小乗」という言葉は、旧い仏教の信者に対する蔑称としての色彩が濃いものの、人口に膾炙《かいしゃ》するに至っている。

チベット仏教は大乗仏教に属する。仏教がはじめてチベットに伝えられたのは、チベットが国家として政治的・文化的に統一されつつあったソンツェン・ガムポ王の時代である。すでに紹介したように、仏教は偉大なる君主ソンツェン・ガムポの二人の妻の「嫁入り道具」として、この雪の国に遠慮がちに入ってきたのである。最初の花嫁の名は中国からきた文成公主で、二番目の花嫁はネパール人のブリクティである。二人の妻は僧侶や仏具と共に輿入れした。先祖伝来のボン教を捨てたわけではなかったが、王はいくつもの仏教寺院を建設した。有名なラサのジョカン寺もこの時に造られ、今日まで存続している。この新宗教は当初なかなか根付かなかったが、約一世紀後、ティソン・デツェン王の時代に最初の飛躍的な発展を遂げる。数多くの経典がサンスクリット語からチベット語に翻訳された。サンスクリット語とは古代インドの二つの言語の一つで、ブッダの教えと伝承はサンスクリット語で残されている。王は評判の高僧を多数チベットに招いたが、そのなかにはチベットに密教をもたらしたパドマサンバヴァもいた。この人物は学識豊かな学僧であるにとどまらず、タントリズムの偉大なる実践者でもあった。タントリズムとは仏教とヒンドゥー教に共通する思想であり、ヨーガの実践を奨励し、「タントラ」と呼ばれる聖典の教えを通して師《グル》が弟子に奥義を伝授することを特徴とする。大

河口慧海、多田等観も学んだラサ・セラ寺修行僧の教義問答。
© Ukon Jumonji 2009

雑把に言えば、インドの精神文化の影響が強い秘教的かつ奥義伝授型の宗派と呼べよう。タントラは奥義を極めた信者に修行の一環として性行為を推奨することもあるため、欧米では想像を逞《たくま》しくしてタントリズムをエロチックな秘教として解釈する風潮が広まった。ここ二〇年来、西洋社会において「タントラ講習会」が盛んに開催され、受講生たちに放縦なセックスを楽しむことを許しているが、これらは仏教のタントリズムとは似ても似つかぬものである。

チベットにおける最初の仏教伝播

チベット人は、チベットを仏教国にしたパドマサンバヴァを偉大な伝道者と見なし、ブッダその人と同等に崇拝している。チベット人はパドマサンバヴァを一般に「グル・リンポチェ」(最も偉大なる尊師、宝のごとく尊き師）と呼び、かなりの潤色を施してその生涯を美化した（チベット仏教の伝承以外の客観的な資料がないため、今となってはどこまでが事実でどこまでが脚色であるかを区別するのはひどく難しい）。伝承によれば、偉大なるヨーガ行者パドマサンバヴァはチベットにはびこる無数の魔物と戦った。魔物を打ち負かすと、それらを追放したり絶滅させたりする代わりに、自分に従わせ、雪の国の守護神とした。この伝説上のエピソードは、マイナスの感情や考えを抑圧するのではなく、プラスのエネルギーに変換しようと努めるタントラ仏教の在り方を如実に反映している。タントラ仏教が性的な欲望を他宗教のように抑圧・排斥するのではなく、受け入れて昇華させるのも同じ理由による。チベット人は大乗と小乗の二つの仏教を融合させた。小乗の信者として瞑想と修行を行い、大乗の信者としてすべての信仰実践の中心に慈悲を据えた。また、インドのタントラ宗派の影響も受けているため、チベット仏教の実践には秘教的な側面があり、不純なエネルギーを変質させる秘儀が師から弟子へと伝承される。この秘教的な教えは「ヴァジラヤーナ」または「金剛乗」と呼ばれ、大乗の一派と考えられている。

チベット国王の支援を得て、インドの高僧たちはこの国の中心地サムイェに最初の僧院（サムイェ寺）を建立し、僧たちに膨大な数のタントラ経典を翻訳させた。チベット語はこの翻訳作業に合わせて変化することを余儀なくされ、仏教経典との出会いによって進化した。グル・

リンポチェがチベットを去る頃、仏教に帰依する者はまだごく一部に限られていたが、君主の奉ずる公《おおやけ》の宗教、すなわち国家宗教となっていた。ティソン・デツェン王に続く歴代の国王たちも仏教を信仰したが、九世紀の中頃にラルパチェン王が暗殺されると、その兄のランダルマが王位を継いで、チベット伝統の宗教であるボン教の再興をはかり、新宗教である仏教を迫害した。そのランダルマ王が僧侶に暗殺されると、チベットは政治と宗教の両面で混乱し、しだいに沈滞していった。この国家衰退の時期にチベットは最も遠隔の領土を失い、さしたる変化もなく二〇世紀にまで存続する歴史的国境線がここに定まった。

普及の第二波：大宗派

一一世紀中頃、インドを起源とする二度目の、そして決定的な仏教普及の波がチベットに達した。西チベットではすでに一〇世紀末頃から仏教再興が始まっていたが、チベットにおける仏教再生が本格的に始まったのは一〇四二年にインド人〔ベンガル人〕の高僧アティシャがチベット高原にやって来たときである。アティシャの弟子たちが興したのがカダムパ派である。それから数年後、チベット人の学僧にして翻訳家のマルパがインドに赴き、偉大なる尊師ナローパから奥義を伝授された。チベットに戻ったマルパは、数多くの弟子たちに奥義を伝え、そのなかから有名なヨーガ行者にして詩人のミラレパ（一〇四〇―一一二三）が出た。マルパやミラレパを開祖とするカギュー派からは、無数の分派が生まれた。これと同じ時期にチベット人翻訳家のドクミがインドでタントラの奥義を伝授された。ドクミの高弟は、チベット中央部に大地の色が白っぽい場所を選んでサキャ寺を建立した。サキャは「灰色の大地」を意味する。こうして第三の宗派サキャ派が登場した。チベットにおける二度目の仏教伝播の波を受けて誕生したこれらの新たな宗派は、最初の仏教伝来の頃に興った諸宗派と一線を画した。なお、後者の総称はニンマ派（古典派）である。

一五世紀に入って、チベット仏教の有力宗派勃興の掉尾を飾るのは、ツォンカパを開祖とするゲルク派（徳行派）である。ゲルク派は僧院の厳格な戒律と哲学的な勉学を特徴とする。同派の総長は、ツォンカパが葬られているガンデン寺の僧院長である。そのため、この総長はガンデン・ティ・リンポチェ（いとも気高きガンデンの玉座の所有者）という称号を帯びることになった。やがて、同じゲルク派でも総長ではないデプン寺大僧正がより重要な役割を担うようになる。これがダライ・ラマである。ダライ・ラマについて詳しくは後述したい。

宝の発見

一二世紀初頭以降、チベット仏教はめざましい飛躍を遂げ、チベット全土は僧院とチョルテン（サンスクリット語のストゥーパに当たる、僧の遺骨を入れた小さな塔）に満ち溢れることになった。絵本『タンタン　チベットをゆく』の愛読者ならきっと、崖を駆け降りて、チョルテンにぶつかりそうになったハドック船長に向かって、「左側を通れ」とタンタンが叫ぶシーンを思い出すことだろう〔仏教ではストゥーパなどを回って祈りを捧げる際には右繞行道《うにょうぎょうどう》といって、右回り＝時計回りして祈りを唱える。ときには右手を塔に当てて回ることもある〕。

仏教は、ボン教や民間信仰と正面から対立することは決してせず、自らの教義と矛盾しない部分を吸収し、山岳崇拝をはじめとする数多くの宗教慣習に新たな解釈を加えて採り入れた。チベット土着の無数の神々は、ときに菩薩やチベットの守護神に変身して存続することになる。

土着の信仰と仏教が融合した菩薩のうちで重要な地位を占めるのはアバロキテーシュバラ（観世音菩薩）であり、この観音菩薩が言わばチベットの聖なる守護神となった。人々は観音菩薩こそ帰依すべき仏であり、「慈悲」の象徴であるとみなした。観音菩薩と一体化し、「オン・マニ・ペメ・フム」という真言（マントラ）を繰り返し唱えることで、瞑想者たちは菩薩の愛のエネルギーを引き出す。このエネルギーが瞑想者を変質させ、この世の苦を鎮める、と考えられている。観音菩薩信仰は一般大衆にも知識人にも受け入れられ、仏教を発展させることに貢献した。パドマサンバヴァ、ソンツェン・ガムポ、ダライ・ラマなど、チベット史を飾る偉人は、観音菩薩の生まれ変わりであると考えられている。

こうした見事な適応能力と吸収力によってチベット仏教はチベットの主要宗教となった〔ボ

ン教の信者は今や全人口の一〇パーセントにも満たない)。それと並行して、チベットの社会や文化、政治のあらゆる局面にヴァジラヤーナ(金剛乗)仏教の象徴、儀式、祭礼、信仰、生活様式が次第に浸透してゆく。チベット人の集団アイデンティティーは、仏教の発展に沿って形成された。チベットの建国神話が仏教的な新解釈によって蘇ったことも、チベット人としてのアイデンティティー意識を強めた。

チベット古来の集合的記憶を蘇らせるために仏教僧たちが用いた驚くべき手段は、「埋蔵経典(テルマ)の発見」である。古い宝物《ほうもつ》や経典(多くの場合、パドマサンバヴァに由来するもの)を発見する、という手法である。パドマサンバヴァは、これらの品や経典を秘密の場所に隠し、後世の弟子たちがそれらを受ける準備を整えた後に発見できるようにした、と言われている。こうした話を聞くと、キリスト教でも聖遺物を「創作」し、「使徒(キリストの直弟子)や聖人の遺骨や遺物が秘密の隠し場所から発見された」と主張したことを連想してしまう。キリスト教におけるこうした「奇跡的な」発見は、聖人たちにまつわる集団的記憶を利用することによって、特定の土地に「聖地としての箔《はく》」をつけ、多くの巡礼を引き寄せて修道院建設に必要な資金を集めるための手立てだった。チベットにおいてこの手法を考案したのは、仏教の興隆のあおりで衰退し始めたボン教であった。ついで一一世紀、新たな仏教の有力宗派が登場すると、今度は古い仏教宗派(ニンマ派)が集合的記憶を利用するこの手法を採用した。ただし、宝物や仏典はボン教の開祖ではなくヴァジラヤーナ（金剛乗）の開祖パドマサンバヴァに由来する、とされた。一二世紀のほぼ一〇〇年間、さまざまなテルトン（埋蔵経典発掘者）が「パドマサンバヴァが数世紀も前に記した」とされる多くの経典を再発見した。それらは、実際に洞窟などの隠し場所から発見される場合が多いが、前世にテルトンの頭の中にしまい込まれていたものが取り出される場合もある。このような経典に並はずれた正統性が認められたことは言うまでもない。同時にこうした再発見は、民族の古い記憶を権威ある方法で呼び覚まし、神話の正統性を仏教に求めることを可能にした。

テルトンの一人、ニャン・ニマ・オセル（一一三六―一二〇四）が再発見したのが『マニ・カンブム』である。この経典はすべてのチベット人にとって、民族の集合的記憶を語る基本的文献となった。これによると、慈悲の菩薩である観音菩薩はチベットとその住民の後見人となると誓った。また、「猿が羅刹女と夫婦になってチベット民族を生んだ」とする古代チベット神話に登場するこの猿は観音菩薩の化身であった、とも説いている。さらに、雪の国の住民はその母（羅刹女）から野生的かつ好戦的な精神を受け継いでいたので、やがて観音菩薩はソンツェン・ガムポ王が仏教信者である中国の文成公主と結婚するように計らった。観音菩薩はさらに、文成公主に対して「若き釈迦の像」をチベットにもたらし、ラサにジョカン寺を建立するように促した。ジョカンは現在、チベットの人々が最も崇める聖地である。土地占いの知識を持つ文成公主はチベットの国土が仰向けに寝た羅刹の体とそっくりであることを発見した。文成公主は夫に、羅刹の体（つまりチベットの国土）のキーポイントとなる一三か所に寺を建てるよう進言した。ジョカン寺はその中心、心臓部にあたる地に建てられた。仏教の力によってチベットは穏和になり、マイナスのエネルギーをプラスのエネルギーに変えることができた、との説明だ。『マニ・カンブム』の説くメッセージは、その後に発見された数多くの埋蔵経典と同じく非常に明快である。仏教こそチベット人のアイデンティティーの基盤である、ということだ。このアイデンティティー意識は、チベットの保護者である観音菩薩と、その化身でありチベットに仏教をもたらしたパドマサンバヴァへの信仰と固く結びつき、歳月を重ねるに従って益々強化されてゆく。

チベット仏教がアジアに及ぼした影響

以上のように、大乗仏教とインドのタントリズムを母とするチベット仏教（金剛乗）は、チベット古来の民間信仰の一部を取り入れながら数世紀をかけて形成されていった。チベット仏教はチベット人のアイデンティティーの基盤となっただけでなく、チベット本国を超えてモンゴル、ネパール、ブータン、シッキム、さらにはラダックなど北インドにも広がった。このことはチベット文化が現在のチベット自治区のみならず、歴史的チベットの国境を越えて広範に影響を与えていることを物語っている。

Q5　なぜチベットは一人の僧侶によって統治されてきたか？
Q6　ダライ・ラマ一四世はどんな人？

亡命中のチベット指導者ダライ・ラマが世界中の人々の共感と人気を得ている理由は、その魅力に富んだ性格と平和のメッセージに求められるが、彼が僧侶であることも一因となっている（ダライ・ラマが僧侶であるがゆえに執拗な憎しみを抱く者もいるが）。一国を一人の僧が統治するという伝統は極めて特異である。まして、この僧侶がもともとは貧しい農家の生まれであり、子どもの頃に先代ダライ・ラマの生まれ変わりであると「認められ」て今の地位にあるとしたら、驚きは倍加する。

政治権力と生まれ変わり

ダライ・ラマを長とする政治機構は一七世紀に始まったが、その数世紀前からチベットには宗教界の指導者が俗界の指導者となる制度が存在していた。一三世紀にサキャ派の学僧で詩人のサキャ・パンディタ〔六代目座主〕がモンゴルに赴き、モンゴル人の血なまぐさい侵略からチベットを救う説得工作のためにチンギス・カーンの孫〔オゴディ・カーンの息子コディ（ゴーダン）」に会った。この試みは期待を遥かに上回る成功をおさめた。なにしろ、のちにモンゴル皇帝がチベット仏教に帰依したばかりか、チベット高僧の弟子となったのである。すなわち、ゴディがチベットから侵略軍を撤収してからややあって、一三世紀末頃、サキャ・パンディタの甥のチョギャル・パカ（パクパ）が、中国に元王朝を打ち立てて皇帝となったフビライ・カーンの霊的指導者（帝師）となり、モンゴル人と一部の中国人がチベット仏教に改宗したのである。それだけではない。フビライ・カーンはパクパをチベットの政教両面の指導者に任命した。この結果、何代かにわたってサキャ派の僧が「雪の国」を統治した。やがてサキャ派の影響力が衰え、チベット内政が紛糾するとサキャ派は権力から遠ざけられ、二度と復権することがなかった。

はなはだしい政治的・宗教的混乱の中で、ダライ・ラマが登場する。一五七八年、デプン寺のゲルク派大僧正ソナム・ギャツォがアルタン・カーンに会うためモンゴルに向かった。アルタン・カーンはモンゴル王朝の中でも傑出した王の一人である。アルタン・カーンはソナム・ギャツォの仏弟子となり、彼に「（知恵の）海の師」を意味する「ダライ・ラマ」という尊称を贈った。この称号は、ソナム・ギャツォの先代二人まで遡って与えられた〔すなわちソナム・ギャツォをダライ・ラマ一世とせずに三世とし、一世をゲルク派の開祖ツォンカパの弟子ゲドゥン・ドゥプとした〕。この二人が生まれ変わってソナム・ギャツォとして世に現れた、と考えたためである。その後継者のダライ・ラマ四世はアルタン・カーンの家系の中（孫）から発見され（ダライ・ラマとしては唯一の非チベット人である）、主として宗教指導者の役割を果たしたが、その後継者「偉大なる五世」は並外れた人物であった。チベットの内戦がゲルク派の後ろ盾となったモンゴル軍の勝利に終わった後、一六四二年に権力の座に就いたダライ・ラマ五世は優れた政治的センスと宗教指導者としての資質を発揮した。政教両面の統治者となった五世は新たな統治手法を実行に移し、ラサをチベットの首都と定め、チベットを象徴する建物の一つとなるポタラ宮を建設した。さらに彼は、先代ダライ・ラマの尊師であったタシルンポ寺のゲルク派僧院長に「パンチェン・ラマ」という尊称を与えた。これ以降、チベットの政治において歴代ダライ・ラマとパンチェン・ラマはきわめて重要な役割を演ずるようになる。以後、ダライ・ラマ五世の後継者たち全員が最高権力を行使したわけではないが（たとえば、短命であったという理由などで）、ダライ・ラマの権威は今日までチベット政治の代名詞として定着することになる。

亡くなった尊師の生まれ変わりを探すという継承プロセスは、一二世紀にカギュー派の分派（カルマパを管長とするカルマ・カギュー派）から生まれたものである。したがって、高僧が繰り返し転生する伝統の嚆矢《こうし》はカルマパ系統である。高僧の生まれ変わりと見なされる子どもは「トゥルク」と呼ばれる。チベットには高位聖職者以外にも何十というトゥルクが存在する。彼らはたいてい僧院長や分派の長であるが、ときに、偉大な精神的指導者、修行者、ヨーガ行者または一般の僧侶など、公職は特に与えられていないものの、並外れたカリスマ性を備えた人物であったりする。例えば、最近ではカル・リンポチェの生まれ変わりがダライ・ラマによって認定されている。この一介《いっかい》の僧侶（カギュー派）は、その宗教者としての威光によって、一九七〇―八〇年代に数万人の西洋人を仏教に改宗させている。

ダライ・ラマ一三世の独立政策

チベットの近代史は、現一四世の先代ダライ・ラマ一三世の治世に始まる。彼は一八七六年、ラサ近郊の小さな村に生まれ、生後一〇か月の時に一二世の生まれ変わりとして認められた。彼は僧院で教育を受け、一八九五年からトゥプテン・ギャツォの名前でチベットを統治することになった。その治世は、国際的政治紛争に切り裂かれた時代をそのまま反映していた。一三世は、ロシア、イギリス、とりわけ中国という列強の野心からチベットの独立を守ることに全精力を傾けた。治世中、チベットは二度侵略を受けた。まず一九〇四年に、ダライ・ラマがロシアと協定を結ぼうとしているのではないかと危惧したイギリスが、一九一〇年には中国が侵攻してきた。イギリスが侵入した際にダライ・ラマはモンゴルに亡命し、ついで中国に身を寄せた。しかしその中国がチベットに侵入すると、今度は英領インドに亡命したのである。五年間に及んだ最初の亡命の間には、西欧各国の外交官たちと接触した。その中には北京駐在のフランス人外交官も含まれ、一三世はフランスに対し政治・経済上の同盟を結ぶことを提案した。ダライ・ラマがフランスに求めたのは、チベットに資本を投下し、電信施設を配備して中国とラサとを結び、外敵からチベットを保護することだった。フランス政府はためらった挙句、結局はチベットと関わることを断念した。満州帝国（清）が崩壊すると、チベットはやっと中国の属国扱いから解放された。しかし孫逸仙（孫文）率いる国民党はチベットに対して清の時と変わらぬ方針で臨み、新たに誕生した中華民国は「漢族、満州族、チベット人、イスラム教徒のウイグル族などからなる多民族国家である」と言明した。この事態に直面し、ダライ・ラマ一三世は一九一二年にチベットの独立を公式宣言した。一九一四年、中国、イギリス、チベットは中国・チベット間の国境線について合意を結ぼうと試みた。交渉は、イギリスがヨーロッパで戦闘状態に入ったため（第一次世界大戦）、中断されることになる。しかしその直前にイギリスとチベットは、チベットが中国とは別の独立国であることを事実上認めるシムラ条約を結んだ。しかし中国はこれを拒絶した（一九一三年にインドのシムラでチベット・イギリス・中国の三国代表が会合。六か月に及ぶ会議のすえ、中国のチベットにおける宗主権は認めるものの、チベットを事実上独立国と認める内容を含む協定が仮調印されたが、正式調印の段階で中国が拒否）。

チベットには自衛以外の選択肢がないことを十分理解していたダライ・ラマ一三世は、近代的な軍隊の第一歩を組織し、死の直前に、強大な隣人との武力衝突に備えよ、と国民に訴える遺言を残している。「今や、争いや対立が人間界を織り成す横糸となり、世界は退化の趨勢を辿っていると思われる。暴力の大波に対して自らの身を守る準備をしなければ、われわれが生き延びるチャンスはほとんどない。とりわけ、至るところに恐怖と破壊の種を蒔く赤い蛮人ども（共産主義者）からわが身を守らなければならない。彼らは最悪のなかでも最悪の存在である。赤い恐怖がわれわれの戸口にやってくるのは遠い日のことではない。衝突が起こるのはもはや時間の問題である。それは内側から生じるかもしれないし、外国からやって来るかもしれない。その時、われわれには自衛の準備がなければならない。さもないと、われわれの精神的伝統も生活様式も消えてしまうことだろう。ダライ・ラマやパンチェン・ラマという名前さえ、その他の師や各派の長や聖人の名前と共に忘れ去られることだろう。寺院は略奪され、破壊され、僧や尼僧は殺されるか放逐されるだろう。教えの王たち（チベットの主要な王）の偉業は打ち砕かれ、信仰や文化が生み出したすべての制度や機関は迫害され、破壊され、忘れ去られるだろう。われわれが生まれながらにして有する権利や財産は奪われ、われわれは征服者たちの奴隷となり、何の庇護もなく物乞いのようにさすらうことになるだろう。チベットの民はみな悲惨な生活を強いられ、大いなる苦しみと大いなる恐怖の中で、夜と昼の歩みは重くなるだろう」（参考資料1：ダライ・ラマ一三世の遺言抜粋を参照）

一四世ダライ・ラマの発見

ダライ・ラマ一三世の死から一年経った一九三四年、レティン・リンポチェが摂政に任命された。彼はすぐに最も大事な使命の遂行にとりかかった。すなわち、チベットの宗教界と俗界の指導者となる転生者を発見することである。一九三六年、彼は、聖なる湖ラモイ・ラツォの水底を見つめていた時に啓示を受けたことを国民議会に告げた。啓示によれば、「新たなダライ・ラマは東のアムド地方に転生した」という。さらに彼は、幻視に現れた村や家の様子も語った。その子どもを捜すため、高位の僧を含む複数の調査団がアムドに向かった。タクツェルという小さな村に非常に利発な子どもがいるという情報を耳にしたパンチェン・ラマがこれを調査団の一つに伝えた。その子どもの名前はラモ・ドンドゥプ、農家の一六人の子ども（うち五人は死亡）の一人として生まれ、当時二歳だった。母親はその子を牛小屋で産むと、数日後には畑に戻って重労働に就いたという。調査団長のケウツァン・リンポチェはセラ寺の高僧でダライ・ラマ一三世をよく知る人物であった。この村に到着する前に、リンポチェは召使の一人と服を交換した。一行は巡礼団を装い、ラモ少年の両親に一夜の宿を乞うた。召使たちとともにケウツァン・リンポチェが台所に座っている間、両親はリンポチェの服を着た召使を僧侶と信じてもてなし、子どもたちはその近くに群がっていた。ラモ少年は台所に入ってくると、ケウツァン・リンポチェの手にしている数珠をじっと見つめた。それはダライ・ラマ一三世が所有していた数珠だった。「僕、それが欲しい」。少年は執拗にせがんだ。「私が誰だか分かるなら、これを君に上げてもいいよ」とケウツァンは答えた。「セラ寺のお坊さん、セラ寺のお坊さんでしょ」。少年はケウツァンが属する寺を正確に言い当てた。これに意を強くした調査団はいったん戻り、ほどなくさまざまな品物を携えて、また少年の家を訪ねた。その品物とは、一部は先代のダライ・ラマの所持品だったが、それ以外は無関係な品である。伝統によれば、トゥルクは先代転生者の持ち物をただちに見分けられるはずだった。一行はテーブルの上に、一二個の日用品や祭祀用の仏具などを並べた。そして少年に、この中から半分だけ選ぶように言った。目撃者の証言によると、少年は何のためらいもなく先代ダライ・ラマの品物を選び出してこう言ったという。「これは僕のものだ」。これに先立って、すでに同じ地域の一〇人ほどの少年がこのテストを受けていたが、先代ダライ・ラマの所持品を一つ以上正しく選んだ子どもはひとりもいなかった。目の前にいる少年がチベットの宗教界と俗界の指導者の生まれ変わりであることを確信し、摂政の使者たちはこの少年をラサに連れていこうと決めた。

予期せぬ困難な事態がもちあがった。実はこの地区は暴君の支配下にあった。馬歩青という名のイスラム教徒の軍閥が、中国とチベットの政治的な争いに乗じてアムドの東北部を奪い取っており、タクツェル村はその支配地域内にあった。僧たちが重要な転生者を発見したことを知って、馬歩青はその子どもの出発を認める代わりに高額の身代金〔現在の通貨にして二五〇万ドルともいわれている〔『ダライ・ラマ自伝』によると中国銀貨一〇万枚〕〕を支払えと要求してきたのである。この要求により、ラモ少年の首都への出発が遅れた。少年は近くのクンブムの僧院に預けられた。ここには少年の二人のきょうだい〔兄と姉〕が僧として住んでいた。二年におよぶ空しい裏工作の後、ついに摂政の使節団は、ラサで返済することを約して、メッカ巡礼の途上にあった中国人イスラム教徒たちに身代金を立て替えてもらうことになった。こうして、ラモ・ドンドゥプが四歳の誕生日を迎えて間もない一九三九年七月二一日、五〇人ほどの人間と三五〇頭のラバからなる一大キャラバンがラサへの旅を開始した。未来のダライ・ラマ一四世の家族もほとんど全員、チベットの首都に移り住むことになった。玉座に座った少年は、一〇週間にわたりチベットの高原や山道を運ばれた。一行がラサから徒歩で数日の地点に到着すると、高官がやってきて、少年がダライ・ラマ一四世であることを正式に宣言する文章を読み上げた。二、三人の高僧を除けば、家族も含めキャラバン隊の一行はラモ少年がダライ・ラマの転生者であることをまったく知らなかった。馬歩青がさらに値段を吊り上げたり、少年を中国側に引き渡したりすることを恐れたのである。何千人もの群集が歓喜の声を上げて、この少年を歓迎するために押し寄せてきた。波乱の人生の幕開けである。

奪われた少年時代

一九四〇年二月二二日、少年は即位して、ジェツン・ジャンペル・シガワン・ロブサン・イシェ・テンジン・ギャツォという名前を与えられた。一四世ダライ・ラマは今日、最後の二つの名前（テンジン・ギャツォ）で世界的に知られている。チベット人は彼のことを称号でも名前でも呼ばず、ただ「クンドゥン」と呼ぶ。これは「尊いもの」、「存在」といった意味である。また、チベット人は彼をグェルワ・リンポチェ（＝高貴なる勝利者）とも呼ぶ。ダライ・ラマ一三世の生まれ変わりであると公式に認められたものの、この少年が政権に就くのは、これよりずっと先のことである。それは、長い間僧侶としての教育を受け、仏教哲学の博士号の一種である「ゲシェ」という称号を贈られた後のことになる。

七歳の時、幼年僧の誓願を立てると、修行の速度が速まった。ラモ少年が家庭の温かさを味わうことができたのは、生まれてから転生者に認定されるまでの二年間だけだったことになる。ラサでの住まいは、ダライ・ラマ五世が建てた巨大なポタラ宮と、町のはずれにあるノルブリンカの夏の離宮の二つだった。両親は貴族となり、美しい住まいを与えられたが、わが子と会う機会はしだいに少なくなっていった。幼いダライ・ラマの教育は年老いた僧侶たちが担当した。数十年後、ダライ・ラマは、寒々とした広大な宮殿の中で厳格な老人たちに囲まれて過ごした少年時代がいかに寂しいものであったかを打ち明けることになる。まるで「牢獄のなか」にいるような「とてつもない孤独」を感じていたのである。彼の少年時代は奪われてしまった。彼に人間の温かさをもたらしてくれたのは、「清掃係」たちだった。宮殿の家事一般を担当する、あまり学問のない身分の低い僧たちだったが、彼らとは心のままに楽しい付き合いができたのだった。いちばん仲良しだったのは炊事係の「ポンポ」（コックさん）だった。ダライ・ラマは、四歳から三〇歳まで（ポンポは一九六五年にインドで死んだ）食事を用意してくれたこの僧のことを、自身の養母のように思っていた。ダライ・ラマは自身の伝記作家であるトマス・レアードに、ポンポが死んだ時の悲しみについて語っている。「彼（ポンポ）が死んだ時、私はひどく動揺して泣いた。実母が死んだ時でさえ泣かなかったというのに。彼が死んだ時、私は『自分は犬と同じだ。犬たちにとって最も大事な人間とは彼らに餌を与えてくれる人だから』と思った。ご飯を食べさせてくれた彼と私の関係も同じだ。彼は学もなく、雄弁でもない。人に語るべき話ももっていなかった。でも、毎日私にご飯を作ってくれる彼のことが私にはいちばん身近に感じられたのだ」

ポタラ宮の殺人

少年が幼年僧の誓願を立てる直前に、重大な政治的事件が起きた。それまで全権を掌握していた摂政のレティン・リンポチェが辞任したのである。僧であるにもかかわらず、レティン・リンポチェは放縦な生活を送り、祈りや儀礼よりも女性や競馬を好んだ。彼はダライ・ラマ一三世の忠告を無視し、行政秩序の回復や対中国防衛などの課題を完全に放擲して汚職にまみれていた（政府の役職を売って私腹を肥やしていた）。後を襲ったタクダ・リンポチェは、素行上の問題は前任者より少なかったが、腐敗と権力欲は同様だった。一九四七年四月、タクダはレティンが蔣介石の中国政府と秘密裏に交渉していることを察知する。レティンは、チベット国内の政敵を倒すための援助の見返りとして、チベットの宗主権を中国に与える条約の締結を提案していたのだ。ラサでは、それぞれの摂政を支持する僧侶の間で市街戦が勃発した。レティン・リンポチェは捕らえられ、局所を切り取られたのちにポタラ宮の塔の中で殺害されたとされる。

当時、政治権力から遠ざけられていた若きダライ・ラマは、清掃係たちから宮廷内の陰謀や政府の堕落ぶりを聞かされた。後にダライ・ラマは「チベットを根本から改革したいという思いをごく若いころから抱いたのは、このことがあったからだ」と述懐している。しかし、思い描いた改革を実行に移す時間は残されていなかった。ダライ・ラマがわずか一五歳の時、中国の人民解放軍がチベットに侵入してきたからだ。雪の国チベットは、最後の指導者たちの無関心と腐敗のために高い代償を支払うことになる。

Q7　伝統的なチベットは農奴制度を持つ封建社会だったのか？

中国政府は、人民解放軍がチベット人を「封建制のくびき」から解放した、と高らかに宣言している。この宣言は「チベットは完璧とは言わないまでも精神性が高く、すべての国民が良好な社会的条件を享受していた」と思っている欧米人にとって衝撃だ。本当のところはどうなのだろうか。歴代のダライ・ラマが統治したチベットは、融和と社会的平等が確立した国だったのだろうか、それとも社会的にも政治的にもきわめて閉塞的で封建制に凝り固まった国だったのだろうか。

封建制と農奴制

この点については、中国当局の主張が正しい。事実、チベットはずっと昔から封建制の支配する国だった。一六四二年にダライ・ラマが政権につく以前は（その後も似たようなものだが）、社会構造の基盤を改革しようとする動きは一切なかった。二〇世紀初頭になってようやく社会変革の兆しが見えてきたが、遅々たるものであった。

西洋中世と同様、封建制の下では社会階層を隔てる壁が厚く、他の階級への移行はきわめて困難だった。西洋と同様にチベットでも位階の頂点に立つのは貴族階級であり、この貴族階級も幾つかのカテゴリーに分かれていた。カテゴリー間の移動は不可能と言わないまでも難しかった。ただし、政治・宗教上の理由により、チベットの貴族階級には他には見られない特殊性があった。すなわち、歴代ダライ・ラマの一族だけを構成員とする階級（ヤブシと呼ばれる）が貴族階級の中で最上の地位を占めたのである。原理は単純である。ある一家にダライ・ラマが生まれたとする。すると、元々の階級が何であれ、一家は自動的に封建社会の位階の最高位に引き上げられる。何人かのダライ・ラマは貴族階級の出身であるが、そうしたケースはむしろ少なかった。ダライ・ラマ一三世（一八七六―一九三三）の両親はラサの南東に位置するダグポ地方の農民であり、現一四世のダライ・ラマも庶民の出である。しかし、ひとたびヤブシの地位を手に入れれば、子孫がこの地位を失うことはない。亡命チベット人共同体の中にも、ダライ・ラマの出身家に連なる貴族が現存する。今は何の特権も持っていないものの、彼らはチベットの行政組織の中で高い地位を占めることができる。

貴族であることは村落の土地だけでなく、そこに暮らす半遊牧民をも所有することを意味する。これらの住民はさまざまな形態で貴族に隷属していた。一部の農奴は、わずかながらも土地や家畜を使用する権利（子孫に相続させることができる）を持っており、いくらか恵まれていた。とは言え、土地の領主が農奴全員に課す税（現物か、ときには現金で）や賦役を免れることはできなかった。賦役のうちで最も有名な「ウラ」は運搬用の動物を領主に貸し出す義務であったが、ときには領土から領土を徒歩で横断するキャラバンに付き添う仕事も課せられた。また、ウラの名のもとに、貴族を背負って障害物を越えるという義務さえあった。

他の国も同様だが、貴族であることには義務が伴う。政務に就くことは貴族の重要な義務であるため、なんらかの責任ある職業はみな良家の出身者たちによって独占されてしまう。同じように、軍務や聖職も貴族の義務の一部である。司法が貴族の手に委ねられていたことも西洋と同様である。裁判官は地方を治める貴族であるか、政府任命の判事であった。チベットの司法制度では、「人間の代価」と呼ばれる古い慣習が適用されることもあり、これが共産中国の非難の的になっていた。これは「目には目を」式の同害刑法であり、刑は手足の切断や眼球の摘出から死刑まで幅広く、時代や地方によってさまざまなやり方があった。貴族がこうした刑を受けることは少なかったが、免除されていたわけではない。一例を挙げると、一九三〇年代の半ば、ダライ・ラマ一三世（一九三三年に死去）の信任が厚かったルンシャルという大臣経験者は、民主主義的かつ共和主義的な運動を組織した廉《かど》で有罪判決を受け、目をくりぬかれたうえ終身刑に処せられた。

僧院の権力

僧院は宗教の場であると同時に、世俗的な貴族と同じように人と物に対して権利を行使する領主でもあった。僧院が一地方全体を領有している場合もあったし、中国産の茶などを独占的に輸送・販売する権利を握る僧院もあった。幾つかの例を見てみよう。中国四川省カムのバタン・ショデ寺は、長江に臨む七つの村とその周辺の土地すべてを所有し、人も家畜も思いのままに徴用することができた。一九〇五年には、清帝国の軍隊と戦うためにそうした徴用が行われた。また、チベット中央のデプン寺には一万人の僧を養うために二万人もの農奴がいたという。チベットの家庭は寺に対してさまざまな義務を負っていたが、子どもを寺に入れて僧にすることはそうした義務の一つであった。本人の宗教的な動機などは、あったとしても問題にもされなかった。寺の中では外の社会と変わらぬ不平等が再生産された。僧院を管理する院長やトゥルクの特別な思し召しがない限り、貧しい家の子どもたちは料理や下働きなどの低い仕事にほとんどの時間を費やし、宗教教育を受ける機会は少なかった。

ささやかな改革

チベット人の生活の枠組みはこのようなものであった。しかし、どこでも同じというわけではなく、僧院にせよ民間の所領にせよ、それぞれの特殊な状況があった。地域によって人々の暮らしは大きく違っていたのである。事情は西欧の封建社会と同様だった。まず、領主の収入は農奴の生活レベルに左右された。したがって、領主が豊かな生活を享受するためには、農奴にできるだけ快適な暮らしを保証してやらなければならなかった。また、貴族の大部分はごく質素な生活に甘んじ、肩書の違いはあっても、暮らしぶりは貴族も農奴も似たようなものであって、高貴な一族の「宮殿」といえどもあばらやも同然だった。このため、大貴族や大僧院を除けば、事実上領主と農奴との間には一種の連帯感があった。

象徴的な例を挙げよう。この話は舞台が中国支配下の歴史的チベットであるだけになおさら興味深い。一八世紀初頭に清帝国に併合された四川省と雲南省のチベット人居留地域では、一九〇五年に清に反抗する大暴動が起きた。事の起こりは、この地域が清の行政下にありながら実質上独立状態を保っていたことを北京の指導者たちが問題視し、プレゼンスを強めようとしたことにあった。暴動を鎮圧した清は一九〇六年、数々の改革を断行したが、その一つが奴隷制と領主の特権の廃止であった。これに対する反応は素早かった。以前にも増して激しい暴動が起こったのである。この改革によってチベット人の生活がかえって悪化したからだった。農奴制の頃よりも重く不公平な税と賦役が課せられ、何万人という家族が極貧に喘《あえ》いだのである。

ダライ・ラマ一三世による改革が始まるのはその数年後である。一三世は一九一二年以降、出自の良し悪しではなく、個人の能力を基準に軍事や政治の責任者を登用した。この結果、チベットで最高権力の地位に登りつめたのは、庶民出身のツァロン・シャペという男だった。さらにダライ・ラマ一三世は、チベットの近代化を支持する貴族を起用して国家財政や行政構造の改革にあたらせ、伝統的に納税義務を免除されていた貴族や大寺院も例外なしとした。さらに裁判制度については、一八九八年に死刑を廃止し、「人間の代価」の適用方法を変革しようと試みた。

しかし大僧院の僧院長や貴族など保守層の抵抗は予想以上に大きく、改革とその実施は阻止されてしまった。禁止されたにもかかわらず、またダライ・ラマが明確な方針を示していたにもかかわらず、少なくともチベット東部においては相変わらず死刑が行われ、不公正な裁判が続いた。このため、一九五〇年に中国軍が侵入すると、いくつかの村々は諸手《もろて》を挙げて中国軍を歓迎した。しかし、一九〇六年の時と同様に時を経ずして喜びは失望に変わる。

奴隷制

中国共産党は、彼らがチベットに侵攻するまでチベットでは奴隷制が続いていたと主張している。それはある面で正しく、またある面では誇張である。チベット中央部では奴隷制はなくなっていたが、東部では一九世紀末まで存続していたからである。奴隷の身分に落とされていたのはどのような人々だったのだろうか。多くの場合、チベット近隣の民族、すなわち中国や当時英領インド帝国の属国だったビルマ（ミャンマー）から売られてきた一家や子どもであった。しかし、この奴隷制度が行われていた実例はごく僅かで、地理的にも非常に限定されていた。

チベットの伝統社会はこのように不平等なものだった。歴代ダライ・ラマをはじめ昔から変革を志す人々はいたものの、指導者層に属する有力者たちが改革を阻んだためにチベット社会は仮死状態に陥り、硬化症を起こしていた。中国共産党はそこにつけ込んだのである。

Q8 中国がチベットの領有権を主張している根拠は何か？

中国は現在、ことあるごとに「チベットは古くから中国に属していた」と主張している。中国は「五つの民族」の母国であるという。五つの民族とは「漢族」（全体の九三パーセントを占める）、モンゴル人、満州族（現在は事実上消滅）、イスラム教徒（主としてウイグル人とトルコ＝モンゴル人）、それにチベット人である。しかし、私たちはこの主張を額面通りに受け取らずに検証してみるべきだ。そのためには、チベットと中国が共有する歴史を振り返らねばならない。

いにしえの縁組み

中国がチベットの領有権を主張する第一の根拠はまったくばかげたものである。チベットの国父、偉大なるソンツェン・ガムポ王が中国人の皇女（公主）を妻にしたから、チベットは中国の一部だというのである。地球上の王たる者はすべて、強力な外国との間にこうした姻戚関係を結んでいるのであるから、中国の論理は成り立たない。それどころか、中国の主張はやぶ蛇である。チベットの王が中国の王女を娶ったという事実は、二つの王国が、対等でないとしても、少なくともそれぞれ完全に独立した国であることを示す証拠となる。

宗教指導者／保護者という関係

中国側が挙げるもう一つの根拠は、一三世紀にチベットと中国の間に「宗教指導者と保護者」という関係が結ばれて以来、チベットは一貫して中国の一部であった、というものである。「中国の皇帝がチベットを支配下におき、チベット高僧が宗教指導者として仕える代償としてチベットを保護する関係」が確立していた、との主張である。ここでもまた、中国は歴史家を唖然とさせるほど事実を都合よく歪曲している。理由は二つある。まず、保護とは主権を意味するものではない。次に、こういった関係は二つの時期（一三世紀と一八世紀）に存在していたが、どちらの時期も中国を支配していたのは中国人ではなかった。一三世紀はモンゴル人の統治下にあり、一八世紀は満州人の支配下にあった。

一二七一年にフビライ・カーンが中国に元王朝を創設した時、フビライはサキャ派のチベット人導師の弟子であったことを思い出してほしい。一二四九年以降勢いを増したサキャ派はこのころすでにチベット国内で支配権を確立しており、フビライはサキャ派の権威にお墨付きを与えた。フビライはチベットに新しい行政機構を設置することに協力したが、その一方でサキャ派の代表者を皇帝の後見人として傍《かたわ》らにおき、中国を支配するモンゴル人帝国における宗教の諸事万端を監督する役割を与えたのである。

満州人の清王朝（一六四四―一九一一）の時代になると、この関係はさらに緊密なものになった。満州人は女真と呼ばれる民族を起源としている。女真は遊牧・狩猟・採集・漁労生活を営む遊牧民族であり、一二世紀には金という国を中国北部に建国していた。満州の本当の意味の建国者はヌルハチ（一五八五―一六二五）であり、異なる部族をまとめ、モンゴル文字をもとに表記法（満州文字）を定め、支配地域の軍事組織を改変し〔八旗制〕、後金を建国した。その息子のホンタイジは父の事業を引き継ぎ、ことに中国に軍事的圧力をかけ続け〔明への侵入を試み〕たが、一六四三年に急死した。その死と引き換えのように漢民族の明王朝が滅びた〔一六三五年に、ホンタイジが正式に女真族を満州族と改称させた〕。翌一六四四年にヌルハチの孫が満州人王朝の清を打ち立て、初代皇帝・順治帝〔世祖〕を名乗った。

満州人とチベットとの関係は清王朝成立以前にさかのぼる。一六三六年、ホンタイジは後金の首都ムクデン〔盛京〕に仏教寺院を建立し、血縁関係にある満州族とモンゴル族を統合したいとの願いを表明した。ホンタイジは自身を仏教の保護者とみなし、チベット仏教のゲルク派との結びつきを強化した。その息子の順治帝は清王朝初代皇帝の立場でダライ・ラマ五世と親交を持ち、従来の「満州人とチベット人」という限定的な関係を「清王朝とダライ・ラマ」という濃厚で複雑な関係へと変質させた。

ダライ・ラマ五世は北京に招かれ元首として待遇され、順治帝と宗教上の師弟関係を結んだ。

その後継者（六世）は、ダライ・ラマの地位にある者に求められる厳格な規律とはかけ離れた自由放埓な暮らしぶりが問題となって追放され、一七〇六年に配所の月を眺めながら死去する。一八世紀になると清王朝がチベット内政に干渉する姿勢を明らかにしたため、チベット国内では強い反中国感情が沸き起こり、その結果としてダライ・ラマ七世（一七〇六―五一）は清によって四川に追放され、その間、ラサには親中国的な政治体制が敷かれ（一七二八―四七）、清は二人の外交官〔アンバン、駐蔵大使〕を帝国の代表としてチベットに常駐させた。この微妙な安定期は、チベット側が武力に訴えて権力を中国の手から奪い返そうとしたことによって終わりを告げた。これに対する乾隆帝（在位一七三五―九五）の反撃は清の実力を見せつけるものだった。チベットに派兵して清帝国の権威を復旧し、内政に干渉して改革を強制した（一七五一）。しかし、その支配も束の間に終わり、チベット人は中国の干渉を受けずに独自の道を歩み始めるようになる。

一八世紀末の一七九一年、ネパールによるチベット侵略をきっかけに〔チベットが清に援軍を要請したため〕乾隆帝はチベットに再び干渉し、またも一連の改革を押し付け、チベットを保護下に置いた。しかし、これらの政策は何の効果もないことがすぐに明らかになった。清が強要した改革をチベット人はほとんど無視したし、清がチベットを保護することもなかった。ラダックが攻めてきたときも（一八四一―四二）、ネパールが攻めてきたときも（一八五四

—五五）チベットは孤立無援で戦わざるを得なかったからだ。こうした戦争を終わらせるための条約に署名したのはチベット政府である。もしもチベットが事実上中国（清）の領土であったとすれば、この条約は中国（清）が結んだはずである。

このように、中国とチベットの関係はとても緊密とは言えぬものであったが、チベットは清に献上品を贈り続けていた。ただし、これは伝統的な儀礼であったうえ、双方向での贈り物のやりとりであって、決して服従を意味するものではなかった。それどころか、チベットは一八五五年にネパールと条約を結び、チベットがこのヒマラヤの小王国ネパールの属国（朝貢国）である、と自ら認めている。ラサは一九五三年まで貢《みつぎ》を定期的にネパールに差し出していた。この朝貢関係は一九五六年に中国当局によって破棄されたが、その際には解決金が一括払いされた。以上を考えると、今日チベットに対して宗主権を主張できる国があるとしたら、それはネパールだと言えるのではないか。

ダライ・ラマという制度

北京側にはもう一つ別の理屈がある。「ダライ・ラマがダライ・ラマと認められるのは中国皇帝が承認した場合に限られていた、このことは中国の政治文献で明らかである」との主張だ。これは、まったくもって事実無根である。ダライ・ラマという称号は、すでに見てきたように、東モンゴルのトゥメド部の当時の首長アルタン・カーンが一五七八年にデプン寺の僧院長に与えたものである。同様に、五世ダライ・ラマが最高権力者の地位に就いたのも、決して中国の後ろ盾があったからではない。これに絡んだのはまたしてもモンゴル人である。すなわち、ダライ・ラマ五世から「チベット王」の称号を与えられたホショト族首長グシ・カーンがその数年後、五世を後押ししてチベット統治者の座に就くことを支援したのだ。五世に対して「転生したダライ・ラマが政権に就くまでの間に権力の空白が生じることを避けるために摂政制度を設けるよう」求めたのもグシ・カーンである。

では、中国との関係はどのようなものだったのか？　ダライ・ラマと中国皇帝が関わりを持つようになったのは一六五三年以降のことであり、この年、ダライ・ラマ五世は順治帝の招きに応じて北京まで赴いた。この両者の会見では尊称のやりとりが行われたが、チベットの清に対する服従を示唆するような称号は一切用いられなかった。ダライ・ラマ五世の死去から一九五〇年の中国軍の侵入までの間、北京に赴いたチベット最高権力者はダライ・ラマ一三世ただ一人であり、それは一九〇八年のことだった。イギリスとインドの連合軍が一九〇四年にチベットに侵入すると、ダライ・ラマ一三世は自らモンゴルへ逃れ、モンゴルで亡命生活を送った後、一九〇八年に中国の首都に立ち寄ったのである。しかし、清の皇帝や慈禧太后（西太后）の優位を認めるようなことは何であれ一切拒否した。それを恨んだのか、一九〇九年にラサに戻った一三世を追いかけるように清はチベットに派兵した。すでに見てきたように、清軍によるチベット侵入を受けて一三世は再び亡命を余儀なくされた。今回の落ち着き先はイギリスが支配するインドであった（一九一〇—一二）。

歴代ダライ・ラマは中国から何一つ恩恵を受けていないし、ダライ・ラマと中国が直接「臣下と君主」の関係にあったことも一切ない。中国は何度もチベットの内政に介入しようとしたが、それは一七世紀も末となってチベットとモンゴルとのつながりが弱まった後のことであった。

チベットの外交的孤立主義（鎖国政策）とその影響

チベットが独立国であったことは証明する必要もない事実であり、このことを示すフランスの公文書も存在する。これは一八六〇年代の文献で、チベットが独立国であることを認める清の外交責任者の発言を引用し、チベットが独立しているのはローマ教皇領がフランスから独立しているのと同じことである、と述べている。

国際法上、事態が急変するのは一八九〇年である。この年、イギリスはチベットに隣接する小王国シッキムの国境線を定める協定を中国との間に締結した。中国と手を結ぶことが外交上最も有利だったからであるが、チベットが開国を拒否していたことも一因だった。この協定によって、チベットは中国の属国であると自動的に認識されてしまったのだ。また一八九三年に別の協定が結ばれ、チベット高原はイギリスの商業活動に開放されたことになっている。これによって法的にはチベットの独立は終焉した。若き第一三世ダライ・ラマの抗議も空しく、その後結ばれた諸条約によって既成事実は追認されていった。一九〇四年、チベットを侵略したイギリスはチベット政府と直接条約（ラサ条約）を結んだが、たちまちこれを反故《ほご》にして今度は清と新たな条約を結んだ。ただし、中国には何の得にもならぬ条約であった。

そして清朝瓦解（一九一一年の辛亥革命）後の一九一四年、チベットと新たに誕生した共和国、中華民国はイギリスの仲介で新たな条約を結び、両国の関係を再定義しようとした（シムラ条約）。一三世ダライ・ラマはチベットを二つに区分することを認めた。一つ（カム東部とアムド）は中国の支配下に、もう一つはチベットの支配下に置く、という内容だった。同時に、チベットに対する中国の支配権をある程度容認した（宗主権）。イギリスとチベットは条約に署名したが、〔中国に宗主権を認めるものの、事実上チベットを独立国として遇する内容であったために〕中国は調印を拒否した。これで話は振り出しに戻った。ダライ・ラマは以前のようにチベットの完全な独立を主張するようになった。しかし、一三世は方法を誤った。国際社会にアピールするためにチベットが起こしたアクションは、新しい国旗の制定、新しい通貨の発行等々にとどまったからだ。いずれも有意義だが、象徴の域を出ない。

II 中国による侵略

その理由と結果

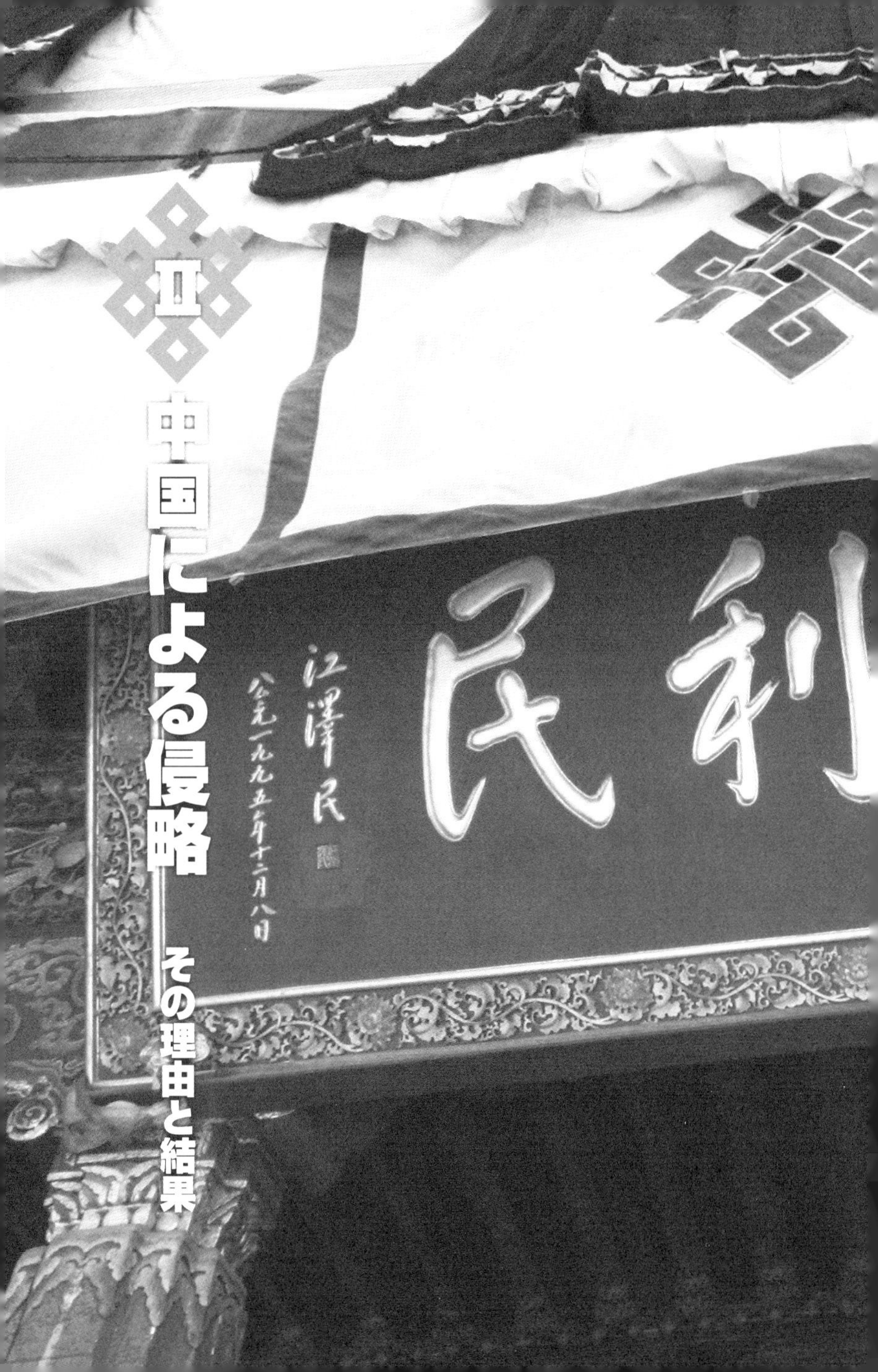

扉写真　シガツェ・タシルンポ寺には江沢民が揮毫した額が。
「国を護る民に利益を与える」の意。
Ⓒ Lotus 2008

Q9　中国にとってのチベットの重要性とは？

チベット――高い台地、むき出しの山々……中国はチベットの何に惹かれて領有権を主張しているのだろうか。人々の精神的な気高さのはずはない、中国はあらゆる手段を使って貶《おとし》めたのだから。住民の性格でもない、最も尖鋭的な人々と民族性を体現する人たちは追放されるか投獄されたのだから。それではなぜであろうか。

中国軍が駐留し、中国警察が至るところで目を光らせているのは、チベットが現実的、政治的、経済的そして戦略的に重要だからである。そのために歴史的事実を歪曲し、風光明媚とはいえ気候風土が厳しいこの国に、是が非でも留まろうとしているのである。

国境の戦略的、軍事的重要性

中国は以前より、西に国境線を拡大し、インドの脅威に備えるためにチベットに目をつけていた。雪国チベットを占領しようとする中国の拡大戦略は、かなり早い時期から鮮明であった。一九五〇年の侵略の直後、北京は道路建設の大工事に着手した。中国内陸部とチベット中央を結ぶ成都（四川省）―ラサ道路の建設は、一九五〇年いったん国境で中断したが、幹線地域が平定されるとすぐに完成された。チベットのアムド地方の古都、西寧（青海省）とラサを結ぶ二〇〇〇キロメートルの北部道路は、一九五二年から五四年にかけて建設された。ラサと新疆地方を結ぶ道路は数年遅れて、一九五六年から五七年に開通した。労働条件は過酷であり、強制労働に狩りだされた数千人のチベット人捕虜は工事中に倒れ命を失った。

それ以後もチベットの開発は続き、その費用総額は定かではない。土地の浸食や頻発する小地震による地滑りのせいで、工事は絶え間なく続き、費用は益々増えていった。これらは観用道路なのだろうか？　いやそうではない。幾つかの道路にいたっては閉鎖され、一九五〇年代には話題に上ることすらなかった。一九九〇年以後になって、こうした土木工事の目的が誰の目にも明らかになった。道路と橋建設の目的はただ一つ、軍隊、入植者の輸送である。観光客は副産物であるが、その数は増加し続けている（二〇〇七年には三六万人以上）。

鉦《かね》や太鼓の鳴り物入りで行われた最近の大工事といえば、北京―ラサ間の鉄道建設である。二〇〇六年に開通したこの鉄道は、要路確保戦略の最新バージョンである。すなわち、入植者を運び、非常時に軍隊を輸送する迅速かつ効率的な交通手段である。また、二〇〇八年三月の騒乱の際に明らかになったように、大勢の逮捕者を収容所へ送る便利な手段でもある。二〇一〇年までに、この幹線鉄道をシガツェまで延長する計画があり、最終的にはネパールと結ぶことが目標となっている。ここにも中国の拡大戦略がみてとれる。

軍事的観点から言うと、高地を拠点とすれば中国軍はインド亜大陸のどこにでもアクセス可能となる。一九五〇年代のラサ―カトマンズ間の戦略道路建設はその計画の一環であった。コンポといった南東部、あるいは西部地域の軍事化もインドへのすばやい侵略を可能にした。このおかげで、一九六二年の中印国境紛争の際に、中国軍は勝利をおさめることができた。これらの地域は一九九〇年代半ばから開放されているが、高度に軍事化されたままである。

天然資源

中国は、国境の戦略的価値以上に、チベットの天然資源に関心がある。中国の水資源のおよそ三〇パーセントを供給する雪国チベットはアジアの水の宝庫と言える。実際、アジアの大河の大部分がチベット高地を水源とし、その多くが貧しい農業国を潤す動脈となっている。メコン川（インドシナ半島）、サルウィン川とイラワディ川（ミャンマー）、ガンジス川支流とブラマプトラ川（インド）、インダス川とサトレジ川（パキスタン）である。さらに、中国中央部の商業上、経済上の主要交通路の一つである揚子江（長江）、ならびに中国北部を流れる黄河もチベット高原から発している。大河の上流を制するものは下流の国々を制するという論は古代から実証済みである。これだけでも、中国が力ずくでもチベットに留まろうとする理由となる。

経済的観点から言うと、中国のような工業国にとってチベットは天の賜物《たまもの》である。豊富な資源に恵まれ、種類も非常に多い。金、銀、銅、石油、石炭、クロムのみならず、ウラニウム、硼砂《ほうしゃ》、リチウムを有し、これらについては世界の埋蔵量の大半を占める。二〇〇四年の人民日報によれば、チベットの天然資源の価値は七八〇億ドルに上ると見積もられている。環境を少しも考慮しない工業開発によって、山々は切り崩され、田畑は荒地となり、土壌と空気の汚染源となっている。

チベットはまた、中国第二の森林バイオマスを蔵している。しかし、想像を絶するほどの規模で森林開発されたため、チベット東部では森林面積の八五パーセントが伐採されてしまった。たしかに今日、再植林によって状況は改善され、たとえばチベット西部では砂漠化が抑制されている。だが原初の森が消失したという事実は変わらない。この森と土壌は何千年もかけて急斜面上で成長してきたのだ。樹齢四〇〇～五〇〇年の木を掘り起こした後、土砂が雨で押し流され、未曾有の洪水を引き起こしている（揚子江ではほとんど毎年、ガンジー川とブラマプトラ川のデルタでも）。植林はむろん称賛に値するが、しばしば徒労に終わっている。またこの政策が実を結んだ地域でも、樹木の多様性は失われた。

少し前までチベットは未開発の国であり、金の採掘も地表近くだけにとどめられて自然の秩序を乱すことはなかった。それが今では、覇権主義政策をとる中国の支配下で、搾取され、荒廃してしまった。

核問題

最後に、機密事項であるため信頼できるデータはないのだが、チベットは一九五〇年代に研究実験施設が（青海省に）建設されてから、核兵器開発の地域になっているようなのだ。今日、ミサイル基地数か所の存在がチベット人にとって不安の種である。おそらくラサ周辺に配置され、弾頭はインド亜大陸に向いている。また、高度の放射能汚染が観測されている。特に一九九〇年代半ばから核廃棄物処理場が設置された甘粛省と青海省での値が高い。チベット高原を非核化し平和地帯となすことを目指すダライ・ラマ一四世の計画は、中国の核軍事化政策と真っ向から対立するものである。

Q10 一九五〇年の中国によるチベット侵略の経緯は？
Q11 なぜ国際社会は反応を示さなかったのか？

内戦後の一九四九年一〇月一日、毛沢東は中華人民共和国の建国を宣言した。それは一九二〇年代に始まった長い戦いの帰結であった。一九五〇年一〇月七日、つまりそのほぼ一年後に、中国人民解放軍はチベットを侵略した。

共産中国のチベット侵攻

人民共和国の建国宣言は、革命軍の全中国支配を意味しなかった。それどころではない。上海や南京（蔣介石の国民政府の本拠地）や北京といった大都市は共産党の手中にあったが、多くの地域で戦闘が続いていたことを忘れてはならない。蔣介石将軍がフォルモサ（台湾）に逃れ、政権再奪取の望みが絶たれたのは一九四九年一二月である。

四川省と雲南省のチベット地区でも緊張状態が続いていた。チベットの宗教指導者や部族長がそれぞれ異なる思惑で支援していた国民党軍と、共産党シンパの民兵との戦いは一二月まで続いた。ただし局地的な戦闘は、さらに一九五〇年三月まで散発した。

一見矛盾しているようだが、古都カムでは、人民解放軍の到着は歓迎されることが多かった。目撃した西洋人の証言によると、これには二つの大きな理由があるようだ。まず、一九三五年の「長征」の際にこの地域を横断した共産軍とは異なり、兵士たちは親切でいかなる略奪も犯さなかった。この友好的な態度に加えて、中国軍はより豊かな未来を約束する演説を行った。この地域では五〇年来、貧困と地域紛争によって多くの犠牲を払ってきたので、人々の期待は高まった。

一九五〇年五月、人民解放軍は、場所によってはチベットの部族長の助けを得てメコン川に達し、夏の終わりにはチベット国境に到達した。一〇月七日、旧貴族、旧農奴、さらに僧侶の支持を受け、解放軍はラサの支配地域に進駐した。勇猛な戦闘が続いたが、東チベット地方の中心地チャムドは一〇月一七日に陥落した。

パンチェン・ラマの離脱

戦いに負けたラサ政府は残念ながら敗北を認めるしかなかった。陥落の原因は幾つかあるが、より良い未来を夢見たチベット人が人民解放軍に協力して、政府から離反したことはその一つである。それより深刻なのは、当時のパンチェン・ラマ（一〇世）が反旗を翻したことによる宗教界の対立である。本人はまだ年若いため（一九三八年生まれ）、むしろ側近が反旗を翻したと言えるのだが。このことを理解するためには、ダライ・ラマ一三世の時代に遡らねばならない。ダライ・ラマ一三世は中央権力機構の整備を目的とした政治改革を行い、パンチェン・ラマ九世に新政策の財政負担、とくに軍近代化への協力を求めた。一九二一年、両者の間に前例のない争いが起き、パンチェン・ラマは中国に亡命した。交渉、折衝は成功せず、パンチェン・ラマは一九三七年に中国で死去した。生前、パンチェン・ラマは中国の協力のもとに東チベット全体にわたる領土を持つこと、次いでラサに隣接するシガツェ（ここにはパンチェン・ラマを座主とするタシルンポ寺がある）に戻ることを夢見ていた。

一九三八年に西寧（青海省）で生まれた次のパンチェン・ラマ（一〇世）は、幼い時から地方政府の保護下に置かれ、共産党が政権を奪取するや否や、側近たちはチベットを「解放」し「裏切り者」を追放しようとの声明を出した。これ幸いと、毛沢東はパンチェン・ラマの要請に応じて、「愛国者」が集まる「チベットの平和的解放」を呼びかけた（一九五〇年一月）。たちまち、雲南省と四川省のチベット地区だけでなくチベット国内でも、パンチェン・ラマへの忠誠から多くの村や僧院は中国政府に協力し始めた。

一七か条協定

ラサでは一体何が起きたのか。中国の驚くべき勢力拡大についてどのように認識していたのであろうか。共産党の脅威を侮っているわけではなかった。一九四七年、次いで四九年、政府はインドで大量の武器を買いつけ、中国人商人をすべて追放し、国境線東部の守備を強化し、襲撃に備えた。ダライ・ラマ一三世の予言的な遺書は指導者たちの心に生きていた。もしチベットが抵抗しなければモンゴルと同じ運命をたどることになるだろうという予言である。兄弟国モンゴルでは、人民共和国の誕生（一九二四年）とともに仏教は壊滅したのだ。また、チベットの守護神たちにお伺いを立てたところ、地震、寺院の崩壊、洪水などの凶事の到来が告げられた。

こうした危機感にもかかわらず、首都から派遣された軍隊とカム地方の民兵との連携がうまくいかず、中国側は容易に勝利を収めた。一九五〇年一一月一七日に急遽即位したダライ・ラマ一四世はまだ一五歳であり、世知《せち》に長《た》けているとは言いがたかった。兄タクツェル・リンポチェが青海省で目撃したことを聞かされ、側近たちの助言を受け入れてチベット南部に逃げた。そしてシッキムとの国境近くのヤートンで、チャムドで行われた交渉の推移を見守った。

敗れたカム地方の知事ンガポ・ンガワン・ジグメは、投獄後の「再教育」期間をちょうど終えたばかりで、共産党軍事政権と協定の文言について協議するよう指名された。つまり、一九五一年五月二三日のいわゆる「一七か条協定」はこうした怪しげな状況下で調印された。この「協定」では、チベットは中国の一部とみなされるが、チベット政府にある程度の自治権が与えられ、宗教の自由が保障された。一方中国には、行政から不純分子を追放し、改革の実行を監視し、外交を管理する権限が認められた。

ある一点についてはチベット人たちの間で賛否が分かれた。パンチェン・ラマが公式に認められ、権力を取り戻したのだ。交渉期間中、二万人以上の中国兵が領土の主要な地点を押さえ、ラサは占拠されていた。一九五九年に国連によって行われた調査が証明するように、国際法の観点からみてこの協定は無効であった。なぜなら、強制されての調印であり、旧知事が用いた官印は中国によって偽造されたものであったからだ。いずれにしてもチベットの運命はこうして決まった。

国際社会から見捨てられたチベット

これに対する国際社会の反応について検証してみよう。ソ連に従う共産圏と米国中心の資本主義圏が対立し、非常に難しい冷戦状態が生まれていた。そのためチベット問題についての議論は実際上不可能であった。チベットは、第二次大戦中は中立を保ち、一九四六年以降、積極的な外交を展開した。連合軍への勝利を祝う使節派遣（一九四六年）、世界各国への通商使節団派遣（四八年）、国連への代表団結成（五一年初め）などである。

二つの大きな障害が立ちはだかっていた。一つは国際法に由来する。国際法は規則の集合体であり、その原理原則は欧米諸国が世界を支配していたときに自分たちの利害のみを考えて作り上げたものである。このような状況の中、一八九〇年に中国とイギリスの間で結ばれた条約の制約下でチベットは国際社会に加わった。イギリスは中国のチベット高原支配を認め、前述した史実やチベット政府の立場を少しも考慮しなかった。

一九五〇年代初頭の非常に緊張した国際情勢がなかったなら、このような条約に基づく中国のチベット領有を問い直す動きがあったであろう。ソ連の支援を受けてヨーロッパで共産主義が広まり、中国で革命が起き、さらに共産主義の北朝鮮（朝鮮民主主義人民共和国）と親米の韓国（大韓民国）との間の朝鮮戦争（一九五〇年から五三年）が勃発したが、これは世界を二分する対立を狭い地域に凝縮したようなものだった。こうした状況下で各国は慎重にならざるをえなかった。直接関係する国々はこの点を理解して対応した。一九四七年に（分離）独立したばかりのインドは、一九四九年一二月当初から、チベットが中国の属国であることを認めた。非合法の共産党の活動で政治的危機にあったネパールも同じ道をたどり、あまりに強大な隣国におとなしく従った。「義勇軍（人民志願軍）」として朝鮮に送り込まれた七〇万人の中国兵が、人民共和国の軍事力をまざまざと見せつけたことを忘れてはならない。

ラサ政府からのアピールも、唯一チベットを擁護したエルサルバドルの呼びかけも国連で受け入れられなかった。中国の兄貴分であるソ連が安全保障理事会に陣取り、総会での議論はすべて朝鮮戦争問題に終始していたので、なおさらのことであった。チベット、チベット人民、ダライ・ラマは捨て置かれた。

Q12 中国がチベットにもたらした変化とは？
Q13 なぜ“文化ジェノサイド”と表現されるのか？

この半世紀以上、中国のプロパガンダは一言《ひとこと》も変わっていない。「われわれはチベット人を奴隷制から解放し、社会的、物質的進歩という恩恵をもたらした」と。解放、進歩とは何を意味するのだろうか。それについて具体的に探ってみよう。

一九五〇年以降、中国の対チベット政策は、かなり明確に四つの時期に区分できる。第一期は一九五〇年チベット侵略から五九年のラサ蜂起、そしてダライ・ラマのインドへの亡命まで。第二期は一九五九年から七〇年代半ばの文化大革命の終わりまで。第三期はそれ以降一九八〇年代終わりの二度目のラサ暴動まで。第四期は一九九〇年代初めから現在までである。

中国軍の進駐と最初のチベット騒乱：一九五〇年から五九年

毛沢東が紅軍に出した指令は非常にはっきりしていた。チベットの正規軍を打ち破った後、目標は人々を味方につけることであった。そのため、人民解放軍の兵士たちに厳格な規律を課した。略奪の禁止、地方役人との協力、農民からの食料調達は有償とすることなどである。この時期、中国はチベットの社会組織を変えることを目的にせず、チベットを支配しながらも農奴「解放」の動きはみせなかった。彼らはチベットを占領するために駐留したのであり、変革するためではなかった。しかしながら、かなり急速に状況は悪化していった。兵士の数があまりに増大し、食料調達に金を支払わなくなり、チベット人たちは貧困化していった。解放軍は補償なしに土地や家を徴発した。中国とラサを結ぶ道路がまだ建設されていなかったので、中国からの食料輸送は不可能で、中央チベットは飢えに苦しんだ。中国はインドと通商条約締結の交渉を始めたところであったが、インドから米を輸入せざるをえなかった。さらに、若きダライ・ラマが掲げる改革計画は、国有化を目標としている北京代表団と真っ向から対立し、怒りは爆発寸前であった。高官の免職、逮捕が続き、チベットにはいかなるすべも残されていなかった。

ダライ・ラマは、共産主義政府と協力するしかないと確信し、争いを収めようと努力した。一九五四年にはパンチェン・ラマ一〇世を伴い、北京にまで足を運んだ。一九歳という若きチベットのリーダーは、毛沢東と一五回ほど会談した。当時、権力の絶頂期にあった毛主席は、「中国のチベット占領はチベット人民の利益とチベットの近代化に寄与する」としてダライ・ラマを納得させようとした。またチベット人としてのアイデンティティーと象徴、つまり宗教、文化、国旗を保つことが肝要であると説明して、ダライ・ラマを懐柔しようと試みた。ダライ・

ラマは毛沢東のカリスマ性に打たれ、国境を超えてより公正な世界を建設しようという共産主義の計画に魅了された。今に至るまで、ダライ・ラマはこのことを隠そうともしない。彼自身もチベットで大改革を計画していた。そして無邪気なことには、中国の助けを借りてその計画を実行することができないかと考えた。共産主義指導者たちが、時機を見てチベットの中国化と宗教の根絶を狙っていることに気づいていなかったのだ。実際、四川省、雲南省、青海省のチベット地区では、共産党による被害が出始めていた。これ以後「反動的な」僧侶や農民の逮捕が日常的に広がっていった。

若きダライ・ラマが政府に中国とのさらなる協力を働きかけている間に、兄二人がチベットを脱出しアメリカにたどりついた。彼らは共産党との協調政策に反対で、弟に知らせずにCIA（アメリカ中央情報局）と接触するようになった。CIAはチベットから抵抗者たちを脱出させ、ゲリラとして訓練し、武器と共にチベットにパラシュートで降下させるという戦闘計画を練り上げていた。チベットはいやでも冷戦に巻き込まれ、拡大する共産主義に対する砦とまではいかなくとも、強大な中国のかかとに突き刺さる針となることは可能だった。この計画は一〇年間実行されたが、その規模はあまりに小さくて何の効果も上がらなかった。そして、一九七〇年代初めにアメリカが中国との国交を正常化したとき、CIAはチベットの抵抗勢力への援助をすべて打ち切った。

住民の不満は高まり、自発的に抵抗運動が組織された。特に、住民の意思を聞くことなしに中国の州に併合されたアムドとカムの南部の地域で散発的に起きた。なかでも、名高いカム族の戦士は人民解放軍を悩ませた。一九五六年以降、戦闘は散発的から連続的なものに変わっていった。このとき、チャムド地方の反乱の後、リタン（四川省）の大僧院が二か月間包囲され爆撃を受けた。数千人のチベット人が死に、抵抗運動は強硬になった。しかし、何者も阻止することのできない道路ローラーのごとき中国軍に対し、一体何ができようか。道路や軍用施設が各地に建設された。一九五八年、一五万人以上の中国兵がカムとアムドに駐留した。多くの難民がラサに到着し、恐ろしい体験を物語った。虐殺、反抗者の村の破壊、何千人もの僧の逮捕、僧院の宝物の略奪などである。反乱者グループは東部での緊張状態は保ちつつチベット中央に集結したが、そこでは中国の政策により伝統的機構は解体されつつあった。首都での緊張は高まり、一九五九年三月一〇日に一気に爆発した。

その日、中国人知事は、護衛なしで芝居の上演に来るようにとダライ・ラマを招待した。チベット人にとって政教のリーダーである若いダライ・ラマを中国が殺害するという噂が立った。何千人ものチベット人がダライ・ラマを守ろうとその邸宅を包囲し、中国人の国外退去を要求した。一週間の間、都は騒然となった。中国当局はＣＩＡが陰で糸を引いた暴動であると主張しているが、実際には人民による自発的な反乱であった。ダライ・ラマ本人も不意をつかれた。

ネチュンの神託とはダライ・ラマの公式の神託であり、彼は常にその意見を求めるのだが、留まるようにとのお告げを受けた。三月一七日、蜂起したチベット人の代表が一七か条協定の拒否を表明し（最初に協定を破ったのは中国であった）、チベットの独立を宣言した。その夜、中国軍はダライ・ラマの王宮を爆撃した。真夜中にトランス状態に入った神託官は、直ちに逃げるようにとのお告げを伝え、インドへの脱出の道筋を紙の上に描いた。反乱者の一団に守られ、家族、主要な後見人、何人かの使用人を伴って、変装したダライ・ラマはラサを脱出した。

鎮圧、虐殺、チベット文化の破壊：一九五九年から七五年

ダライ・ラマは、中国のパトロール隊を避けながら逃げる長い道程の途中、ラジオでラサ暴動の悲劇的な結末を知った。中国軍は数日間、群集に一斉射撃をし、数千人あるいは数万人の犠牲者が出た（チベット側は八万人と発表しているが立証はできていない）。ずっと恐れていたことが起きたのだ。筋は通っているものの無分別な暴動の行き着く先は、血の海でしかなかった。中国当局は、チベット人民の監視を解くというリスクをとるよりも、虐殺することを選んだ。この恐怖政治はそれ以後変わることはなく、唖然とするようなスローガンが掲げられた。「人民軍はチベット人民のために行動し、帝国主義勢力に買収された反動的なダライ・ラマ一味が企てた反乱を制圧した」

その後の二〇年は、チベットの長い歴史の中で最悪の時期であったのは確かである。いかなる反抗に対しても徹底した弾圧が加えられ、さらに二つの政策がチベットを悪夢に陥れた。それは、生産手段の国有化と文化大革命であった。ダライ・ラマの亡命後、共産党指導者はチベット社会の「平等化」をめざす改革を積極的にすすめた。小地主と大地主を粛清し、土地を国有化し、共産全体主義の基準に従って社会全体を再編するものであった。党は有無を言わさず人民公社を創設した。共産主義理論に従えば、これにより生産性が高まり、労働者の生活レベルが引き上げられるはずであった。しかし、過去から何の教訓も学ばず、ソ連で起きたことが繰り返された。つまり、人々はさらに貧しくなり、チベットはそれまでに経験したことのない大飢饉に何度も襲われた。ダライ・ラマは、後にユーモアを交えてこう語った。「われわれはすべてを分かち合った。結局のところ誰もが無一文だったのだから」。政治的な弾圧を逃れ、生き残りをかけて、何万人ものチベット人がインドへの亡命の道をたどった。そのうち多くの人たちが中国人パトロール隊によって殺された。殺されなかった人々は難民キャンプにたどり着いた。インドの蒸し暑い気候になじめず、到着後数か月の間に多くの人たちが病死した。現在、約一三万五〇〇〇人のチベット人が亡命している。ネパールと中国の国境警備隊は難民に対して容赦ない。前者は避難民を押し返し、後者はためらいなく発砲する。そうした警戒をかいくぐって毎年二五〇〇人から三〇〇〇人がインドにたどり着く。

一九六六年、毛沢東は「文化大革命」と呼ばれる運動を全中国で展開した。目的は「古いものを壊して新しいものを創造する」ことであった。この指令に従って、共産主義者は伝統的な社会を想起させるものはすべて破壊した。チベットでは、髪の毛を切る、カラフルな伝統衣装をやめて毛沢東風の味気ないブルーの制服を着る、家の正面をくすんだ色に塗り替えるなどという馬鹿げたことを強制した。さらに深刻なことに、信仰の拠り所で僧の住居でもある六〇〇〇以上の僧院が破壊された。一九五八年当時、雪国チベットは一一万五〇〇〇人の僧と尼僧を擁していたのだが、彼らは殺され、あるいは投獄され、または結婚を強要されて人民公社に加入させられた。古来の仏像は中国に運ばれて溶かされ、仏舎利などの宝物や儀式用具は壊され、書物は焼かれた。北京の近くのある鋳造所だけをとっても、金製、銀製、銅製の仏像約六〇〇〇トンが溶かされた。このようにチベット仏教の物質的な象徴を徹底的に破壊するだけでなく、さらに忌まわしいことに、反抗者を再教育する運動が展開された。

数万人のチベット人が拷問にかけられ、殺され、投獄され、子どもたちは中国に送られて再教育を受けさせられた。全体主義の絶頂期であった。肉体を破壊しながら、根絶しようとしたのは民族の魂であった。これまで見てきたように、仏教はチベット人のアイデンティティーの中心であった。中国共産党はそのことをよく理解していて、毛沢東が若きダライ・ラマに与えたまことしやかな約束に反して、チベット人の宗教心を破壊するために万策を講じた。僧院の破壊の結果、文化大革命の終わりには八か所しか残っていなかったのだが、打撃を受けたのは宗教だけでなくチベット文化全体であった。というのは、僧院とはチベット語文法や伝統医学や工芸を教える活動的な集会所でもあったからだ。さらに悪いことには、チベット人のアイデンティティーを伝えるのは言葉であることを承知していて、学校や行政機関で中国語を使うように強制した。また、漢民族の入植者数千人をチベットに送り込むことを推進した。一九六五年以降、チベットは自治区になったのだが、形式上のことだけであった。

これで、ダライ・ラマが語るチベットの「文化ジェノサイド（大量虐殺）」という言葉が大げさでないことがお分かりいただけるであろう。一つの民族の一〇〇〇年以上続いた独特の文化が、二〇年間で故意に抹殺されたのだ。今日チベットでは、伝統文化は人目につかない形でところどころ風習として生き残っているだけであり、亡命地では難民たちが生きた伝統を守ろうと努力している。多くのチベット人たちは、ダライ・ラマ一三世が遺言書に記した予言的な言葉を思い出さずにはいられない。「僧院は荒らされ、破壊されるだろう。僧と尼僧は殺され、追放されるだろう。……われわれの精神的、文化的伝統は迫害を受け、破壊され、忘れ去られるであろう。……われわれは征服者の奴隷となり、日夜ひどい苦しみと恐怖を味わうことになるであろう」。一九七二年にＣＩＡから抵抗運動への援助が打ち切られ、ダライ・ラマは戦闘をすべて停止するよう指令を出し、チベットでのあらゆる希望が絶たれたようにみえた。

文革で破壊され、廃墟となったラサのシデ寺学堂。
Ⓒ Lotus 2008

前述の通り、チベット仏教の高僧のひとりであるパンチェン・ラマ九世はダライ・ラマ一三世と断絶し、中国に亡命した。彼の「生まれ変わり（一〇世）」の側近たちは人民解放軍のチベット侵略を助け、この状況を自派のために利用しようと期待していた。一九五四年、一六歳のパンチェン・ラマ一〇世は、三歳年上のダライ・ラマ一四世とともに北京へ行った。中国当局はパンチェン・ラマを教育し、彼を味方につければ、チベット民族に対してダライ・ラマに匹敵する正統性を主張できるだろうと期待した。チベットにおいて、パンチェン・ラマはダライ・ラマが治める行政機関とは別の組織の長であったため、なおさら好都合であった。ダライ・ラマが亡命すると、おとなしいパンチェン・ラマは中国にとって信頼に足る従順な仲介者だとみなされた。

しかし、一九六二年にパンチェン・ラマは「七万字の請願書」を記し、その中で不当な虐殺と投獄を率直に告発し、チベット民族の存続自体を憂えた。「言語、衣装、習慣、その他の国民の大切な文化が失われる時、国民性自体が消えてしまう。というよりも、別の国民性となってしまう」。この内容は毛沢東の逆鱗に触れ、パンチェン・ラマは中国で最悪の刑務所の一つへ投獄された。そこに一三年間監禁され、その間自殺を試みた。その後一九八二年まで、北京で自宅軟禁されたが、僧侶としての誓いを破って漢民族の女性と結婚し、一女をもうけた。

経済改革と抑圧の緩和：一九七六年から八八年

毛沢東と彼の戦友周恩来が一九七六年に死ぬと、鄧小平が中国のトップとなった。彼は聖人君子ではないが、中国を飢えさせて何百万もの犠牲者を生んだ（いくつかの情報源によれば、毛沢東主義の直接の犠牲者は二五〇〇万から四〇〇〇万人に達する）国有化と文化大革命という二重の過ちから、教訓を得ることはできた。政治のごく一部分を自由化し、経済政策においては一八〇度転換し、土地所有という資本主義の理論に門戸を開いた。人民公社は解体され、農民は再び土地所有の権利を得、生産性は直ちに向上した。商業が発達し、中国経済は発展し始めた。

チベットもこの改革の恩恵に浴した。土地は再び農民に分け与えられ、自由な起業が奨励された。このような積極的な経済自由化に続いて、政治や文化面でもある程度の解放が認められた。何年も監禁されていた僧が多数釈放され、チベットに送り返された。僧院再建の壮大な計画が立てられ、宗教は再び黙認された。しかし、僧と尼僧は党によって厳しく管理され、愛国的な教育集会に参加しなければならなかった。チベットの伝統の髪型や衣装がまた見られるようになった。遠慮がちながら、家の屋根には中国の赤旗の代わりに祈りの旗が掲げられるようになっていった。一九七八年、チベットは観光客を迎えるようになり、亡命者と家族の再会が可能となった。そしてついに、僧院再建の計画が実行に移された。

こうした躍進の中で、鄧小平はダライ・ラマの特使との対話を再開し、一九七九年と八〇年には、状況視察を目的とした使節団のチベット訪問を三回許可した。中国軍が用心したにもかかわらず、チベットのリーダーの使節は群衆に熱狂的に迎えられた。「たった一日で、二〇年間の苦労は水の泡となった」とラサの中国人官僚は嘆いた。これだけチベットを蹂躙《じゅうりん》しプロパガンダ作戦を繰り広げたにもかかわらず、チベット人の愛国心を解体することができなかったと悟り、唖然としたのだ。四回目の使節団の受け入れは拒否された。しかしながら、誠意のしるしとして、パンチェン・ラマ（一九八二年）をはじめとする僧侶、あるいはチベットの政治家たちが釈放され、復権した。

一九八〇年にチベットを訪れた中国共産党総書記の胡耀邦は、思いがけずチベットの味方になった。彼は現状にショックを受け、チベットは「平和的解放」以前のほうが明らかに豊かであったと公式に認めた。それだけでなく、前任者たちのチベット政策は純然たる植民地主義に匹敵する、とみなした。チベット語を学校で教えるように要請し、新たな漢人のチベット入植を抑制するように求めた。チベット人が自治区の行政機関に登用され、私有地の取得がさらに容易になり、ラサは外国人観光客に開放され、数千人の囚人が釈放された。しかし、この新政策に欺かれてはならない。責任ある地位の三分の二は中国人が占め、植民地政策は続いていた……。

ダライ・ラマと中国政府の間の政治会談が再開した。鄧小平は、チベット独立以外は議論の余地があると伝えた。選択の余地がないと判断したチベットのリーダーは、この不公平な条件を受け入れた。ただし、中国が同意した文化的自治の範囲を、チベット自治区だけでなく、チベット人の大多数が住む旧カム地方と旧アムド地方にも拡大するようにと望んだ。しかし中国側はにべもなく拒絶し、一九八四年に対話は途絶えた。

一九八七年、ダライ・ラマはアメリカ連邦議会の支持を得た。米議会は初めて、一九五〇年の中国のチベット不法侵略と占拠を非難した。チベットのリーダーは「五か条の平和計画」を提案して解決を図ろうとした。その内容は、独立は諦めるが、チベットの政治犯をすべて釈放し、人権を擁護し、歴史的チベットを広域の非武装地帯とし、環境と文化の多様性を尊重し、投票によって選ばれた地方政府に統治を任せるように中国に要請するものであった。中国当局はこの計画を拒絶し、チベットは「中国の内政問題」であるという決まり文句を再びもちだしたため、ラサで独立を求めてデモ行進するチベット人たちは激怒した。

デモが武力で弾圧されたため、今回はアメリカ上院が中国非難の議決を行った。一九八八年六月、ダライ・ラマはストラスブールの欧州議会で中国との和解提案について語り、「独立放棄は歴史的にみて非常識といえるが、その用意がある」と再度表明した。中国は、ダライ・ラマはチベット独立の考えを諦めていないと反論し、交渉の再開を拒否した。この間、デモ行進と暴動が散発的に起きた。一九八八年末、中国政府は再教育し終えたと考えたパンチェン・ラマをチベットに送り、事態の沈静化を期待した。ところが彼は、公式にダライ・ラマのチベット帰国を要請し、あっけにとられた中国人官僚の前で堂々と語った。「私の釈放後、ある種の変化はあった。しかしそれにより得たものと比べ、チベットが払った代償は、はるかに高かった」。一八年間の強制収容もパンチェン・ラマの精神の自由を侵すことはできなかったのだ。その発言のわずか五日後、彼は謎の死を遂げた。公式には心臓発作と発表された。

締め付け政策への回帰、近代化、植民地化の促進：一九八九年から二〇〇八年

チベットの未来にとって大切なこの時期、胡耀邦と改革派は中国政権から退けられた。チベ

ットの新しい長官となった胡錦濤は、数万の軍隊を送り込んだ。一九八九年三月七日、数日間にわたるデモ活動が厳しい弾圧を受け、チベット民間人に七〇人の犠牲者が出た後、胡錦濤は戒厳令を敷いた。世界の屋根はまたも鉛のベールで覆われた。三か月後、中国の若者たちが希望を託していた胡耀邦の死をきっかけに、北京で（第二次）天安門事件が起きた。中国でもチベットでも政治の民主化は頓挫《とんざ》した。同年の秋、ダライ・ラマはノーベル平和賞を受賞し、中国政府はただただ激昂した。

新政権は改革派の政策をすべて中止した。僧侶は再び厳しく監視され、嫌がらせを受けるようになった。宗教や信仰は制限され、監視下に置かれた。いかなる反体制の行動も直ちに制圧された。僧院は文化的レジスタンスの拠点であったので、多くの僧や尼僧が定期的に拷問にかけられ、「反愛国主義行動」に対して禁固刑を科せられた。

北京政府は、力ずくではチベット人の愛国心を変えることはできないと悟り、人口政策と経済政策でチベット問題を解決しようとした。新しいスローガンはチベットの中国化促進であった。大勢の中国人入植者を送り込み、行政機関での中国語の使用を義務づけた。学校では生徒たちに中国語かチベット語を選択させるが、しっかりした教育を受けチベットで職をみつけるには中国語を選ぶほかかない。今や、カム地方とアムド地方ではチベット人はとっくに少数派となり、チベット自治区でもまもなく同様の状況となりそうである。

経済政策として、北京政府は一九九〇年代初めから、チベットを「孤立から救い出し」、「近代化する」ために数十億ドルをつぎ込んできた。具体的には北京とラサを四八時間で結ぶ鉄道の建設であり、これによって新しい入植者の移動が容易になった。もう一つの政策であるチベットの首都の「再建」も加速し、チベットの古い街並みは壊され、中国の規格に従った近代建築物に建て替えられた。それは外観が醜いだけでなくチベットの気候風土に合っていないため、ほとんど居住不可能であった。チベットの市場や伝統的商店は、バー、カラオケ、売春宿（ラサには三〇〇軒以上あり、人口比では中国で最多である）に取って代わられた。多額の経済援助で商業や工業は発展したが、その恩恵を受けたのは中国人入植者のみであった。

悲惨な結末

中国侵略によりチベット民族が支払った犠牲は深刻であった。亡命政府の概算によれば、六〇〇万人の人口のうち約一二〇万人が死亡した（飢餓、殺戮、強制収容後の自殺）。他の情報源によれば（イギリス人歴史家パトリック・フレンチなどの説）、数は減って五〇万から六〇万人の間と推定されている。だがこの数字でさえもぞっとさせられる。「チベット民族の運命を改善する」ことを目的とした中国の改革の犠牲者は、人口の一〇パーセントに上る。もしフランスに換算すれば六〇〇万人は下らない（フランスの人口は約六五〇〇万人）。そう考えると、いかにチベット民族が傷めつけられたかを理解できるだろう。こうした犠牲、公的な自由の欠如に、文化ジェノサイドが加わる。また漢民族の入植によりチベット人が自国において次第に少数派となり、憂慮すべき環境問題も発生している。湖や川の汚染、広域の森林破壊、砂漠化である。

中国人は、チベットに近代化（道路、橋、鉄道、病院、公共施設の建設）と経済発展をもたらしたと自讃しているが、チベット人よりも中国人入植者の方がその恩恵を受けている。入植者だけのために用意された仕事に対しては、遠距離と高地による不便さを考慮して給料が加算されている。つまりダブルスタンダードの社会が作られたわけで、中国人はかなり快適な生活ができるが、チベット人は経済的にも、社会的にも、文化的にもアウトサイダーとなった。一方では生活レベルの改善――とはいえ中国の介入がなくても世界の発展と現ダライ・ラマの改革願望により改善されたと思うが――もう一方では文化と自由の喪失というのが現実である。それを考慮すれば、雪国チベットに住み着く中国人の存在を喜ぶチベット人が多くないのは当然といえる。

Q14　なぜ二〇〇八年三月にチベットで反乱が起きたか？

一九五九年以来、チベット人は幾度も怒りを露わにしてきたが、中国の指導者の答えはいつも変わらない。「これはダライ・ラマとその一味が、中国の統一を妨げる目的で外国から煽っている騒乱だ」。この使い古された言葉の裏には、チベット近代化促進のために一九九〇年代初めから数十億ドルを投資してきた共産党指導者の失望が隠されている。

一九九九年に中国の知識人、王力雄はこう述べている。「中国政府の対チベット政策の方針は、住民の支持を得、宗教の支配を打ち破り、分離主義者の影響を減らすために生活水準の改善を目指し、近代化を促進することである」。中国人指導者にとって、チベット人は何と恩知らずにみえるであろうか。だが最近の経済発展の努力にかかわらず、ほとんどのチベット人の生活レベルは大して変わっていない。相変わらず、中国国内ではるか底辺に位置する最貧の地方に留まっている。二〇〇五年の総生産は、北京地方の六八九〇億元、上海地方の九一五〇億元に対し、わずか二五〇億元であった。その上、前述の通り、経済発展は基本的に中国人入植者だけを潤した。ここでチベットの暴動の理由を探る前に、通信社の報道をもとに二〇〇八年三月の事件の推移をたどってみよう。

事件の推移

一九五九年のラサ蜂起の記念日に当たる二〇〇八年三月一〇日、デプン寺の僧侶を中心とする数百人が集まり、ダライ・ラマのチベット帰国と投獄中の僧の釈放を求めてデモ行進した。デモ行進は平和的に行われたが、警官に制止され、数時間後に追い散らされた。その晩に新たなデモ行進があり、六人の僧が逮捕された。

一一日には、前日の逮捕に反対してより大きなデモが起きたが、中国側は武力で押さえ込もうとした。警察と武装した人民警察は、僧たちに対して催涙ガスと警棒を使用した。朝から始まったデモ行進は、警官が二人の僧を殴った後に過激化し、暴動となった。投石、中国商店の攻撃、通行人のリンチなどが起きた。一〇人以上の死者（中国人）が出た模様である。

その後、三月一四日には中央チベット全体にデモ行進は広がり（ラサ近くのペンポでのデモ）、一五日には甘粛省でも発生した（ラブラン寺での大規模なデモ）。

その頃から、旧カム地方と旧アムド地方でも火の手は上がった。四川省では、ンガバ（阿坝）、ガルジ（甘孜）、リタン（理塘）、セルタール（色達）でデモが起き、青海省の西寧でも多くのデモ行進が行われた。甘粛省では、ラブラン寺の近くの夏河で散発的なデモがあった。雲南省のカム地方だけは騒ぎに巻き込まれなかった。三月二〇日、合計四〇か所以上の場所でデモ行進（たいていは複数回）が行われた。これらのデモは、組織化されたものも自発的なものもあったが、僧も一般人も参加し、ほとんどの場合平和的に行われた。どの場合でも中国当局が介入した。初めは武器の使用は一切なかったと言明しているが、国際政治を考慮して多少のためらいはあったものの、非常に暴力的な弾圧が加えられた。多くの目撃者が、群衆への至近距離からの発砲、大勢の逮捕、リンチを証言している。

チベット亡命政府は、一五日以来八〇人の死者を報告しているが、それに対し、中国側の国営通信社である新華社はチベット自治区の中国人民政府の発表を受け売りして、「ラサの暴動（三月一七日）の間、警備兵による武器の携帯も使用も一切なかった」と断定し、中国人のうち数百人が怪我をし、病院、公共施設、店、自動車が燃やされたと付け加えた。

三月一八日、まだ緊張状態が続く中、観光客のチベット滞在は禁じられ、すでに報道の自由が制限されていた報道関係者はついに退去を命じられた。チベットに通ずる道路は封鎖され、チベットに隣接しチベット人の大共同体を抱える中国の主要都市では、警察の取り締まりが強化された（四川省の成都など）。国境沿いあるいは自治区の近くの町は軍隊と警察の監視下におかれ、外国人の訪問は禁じられた（たとえば、雲南省の中甸）。

その頃から、とりわけ四川省や青海省で集会が頻発した。しかし、三月の終わりと四月の初めには中国の他の地域にも拡大した。北京北部でのデモ行進、新疆でのデモなどである。

自治区内でのデモはそれほど多くはなく、三月三〇日に行われたのは一〇か所程度であった。というのも僧侶たちが僧院に監禁されたからである。それは、一つには彼らと外部との接触を絶つため、そしてこちらが主な目的であるのだが、「再教育」を受けさせるためであった。おそらくは、僧院内での酷い仕打ちにより死者が出たと思われる。

北京政府は死者約二〇人と発表したが、チベット亡命政府の挙げた人数とはかなり違っていた（少なくとも一四〇人）。北京の発表によると、数百人が逮捕され、三〇人のチベット人が懲役三年から終身刑までの判決を受けた。これらの有罪判決について幾つかのNGO（非政府組織）は、公平さと透明性に欠けるとして批判しているが、実態は報道内容とかけ離れているようだ。三月と四月の事件に参加したために中国の牢獄につながれているチベット人は、少なくとも五〇〇〇人と見積もられているからである。

植民地化を拒否

二〇〇八年三月に旧チベット全土で起きた反中国の暴動の真の理由は、一九五九年の蜂起と八七年から八九年の暴動のときと同じである。つまりチベット人は植民地化に耐えられないのである。外国人に支配され、生活の隅々まで干渉されるのは苦痛だ。時がたつにつれ中国人に対する不満は蓄積している。占領当初から、どの家族も少なくとも一回は何らかの形で抑圧を受けているからだ。

今日、自国の役所でチベット語が禁止されているのはもはや耐えられない。子どもたちが学校で外国語を話すことを強制されるのは耐えられない。ダライ・ラマの写真を持っていることが見つかっただけで、すなわち仏教徒であるというだけで逮捕され、失職することにもはや我慢できない。尊敬の対象である僧や尼僧が、荒っぽい中国兵たちによって侮辱されて殴られるのを見るのは耐えられない。伝統的な住居が進歩の名の下に徹底的に壊され、民族衣装が観光客（きまって中国人が経営のホテルに滞在している）を楽しませる見世物となるのは耐えられない。川の水路が変えられ汚染され、氷河がまたたく間に溶け出し、森林が伐採されるのを見るのは耐えられない。子どもたちが中国で教育を受けるようにと駆り立てられ、時期が来ると共産主義政治の従順な道具となってチベットに戻ってくるのは耐えられない。植民地化を促進するインフラの建設に、無理やり駆り出されるのは耐えられない。欧米の観光客に政治について語ったと隣人に告発され、拘留されるのは耐えられない。中国人に有利な労働市場からはじき出されるのは耐えられない。北京政府から補助金を受けて毎日のように新しい入植者が押しかけ、チベット人が手作りの品を商っていた店を押しのけてカラオケバーを開くのは耐えられない。あちこちの寺が壊され、売春宿になってしまうのはもはや耐えられない。

いかなる前進があったのか、またそれは誰のためのものか

確かにチベットは六〇年間で大きく変わり、悪い変化ばかりではなかった。国の近代化は良い効果も生み出した。しかし、この間に変化しなかった国はあるだろうか。二〇〇八年のフランス国民は六〇年前と同じ生活をしているだろうか。チベットが進化するためには、植民地化や残忍な独裁政治の支配が必要だったのだろうか。他の民族のように時間をかけて自己改革をし、国を支配する腐敗した貴族政治から解放されることは不可能だったのだろうか。若きダライ・ラマが政治の実権を握ったときに最初に行った政策は、ラサの刑務所に投獄されていた政治犯を釈放することであった。彼はチベットをより正しい方向に改革しようと熱望していた。このため、その異常さに気がつくまでは、共産主義の理念に魅せられたときもあった。彼は技術に熱中し、ラサではめずらしかった自動車を運転し、腕時計の分解や組み立てを楽しんだ。開国するためにはどんな努力もきっと惜しまなかったであろう。それでいて、けっして焦らず、国民の意向を尊重しながら開国を実現したにちがいない。

民族を力ずくで進歩させることはできない。また、今日中国のリーダーたちが多用する「進歩」の意味を問い直すことが必要である。彼らは消費社会を発見して夢中になっている。山中でヤクと共に過ごす素朴な暮らしを望み、自由を満喫している遊牧民に対し、町に住み役人と

なって快適な近代生活を送るようにと、なぜ強制するのであろうか。一九九〇年から九一年のソ連崩壊の後、シベリア東部のモンゴル人の多くが伝統的生活に戻ったことは、進歩とは何かを一律に規定することがいかに空しいものか示している。各民族がそれぞれの進歩を目指し、チベット人もその手段さえ与えられれば実現できるのだ。

つまり、チベット人が怒る理由は無数にあり、半世紀以上前から苦難を耐え忍んだ結果、愛国心と中国人に対する反発心は膨らむばかりであった。その様子は三月にラサで撮影された映像に現れていて、激怒したチベット人の若者たちは街で、運の悪い中国人市民に襲いかかった。こういう暴発を考えるとき、一つの基本原理を念頭におくべきである。つまり、こうした政治的対立の裏には、全体主義の罠にすっぽりとはまった個人が存在するのだ。ラサで殴られた中国人はチベットを愛していたかもしれないし、チベット生まれだったかもしれない。しかし自分たちが所属する組織ゆえに、彼らは二重の意味で犠牲者になってしまった。「中国人は中国の政府や行政機関のように悪者である」と考えるチベット人に殴られた犠牲者であると同時に、中国政府の政策の犠牲者でもある。中国の政策が異なっていたら、彼らはチベット人たちと仲良くなれたかもしれないからだ。

ある民族があまりにも長い間屈辱を受け支配された場合、その怒りを抑えることができなくなる。ダライ・ラマが非暴力の実践を常にうながしてきたこともあり、時がたつにつれ、チベット人は平和主義に同調するようになってきていた。しかし、今や限界点を超えたようであり、ダライ・ラマがこれ以上チベット人の怒りを抑えることは不可能のようだ。言ってみれば、チベット人にとって、もはや失うべきものは多く残っていないからである。

Q15 中国で自治権拡大や独立を求めている民族は他にあるか？

Q16 チベット危機は中国解体の引き金となるか？

「国内少数民族」の名の下に分類される民族は五五を数え、中国政府の差別政策に苦しんできた。人口が多く広大な領土と民族色の強い文化を持つ民族に対しては、中国政府は行政上の「自治区」を設立した。一九四七年設立の内モンゴル自治区（現在九〇〇万人のモンゴル族）、一九五五年設立の新疆ウイグル族自治区（約六〇〇万人のウイグル族）、一九五七年設立の寧夏回族自治区（一〇〇〇万人の回族）、一九五八年設立の広西チワン族自治区（一六〇〇万人のチワン族）、そして一九六五年設立のチベット自治区（五五〇万人のチベット族）である。

これらの民族の内、北京にとって領土支配上重要な意味を持っているのはチベット族とモンゴル族とウイグル族である。彼らは、中国政府の強力な植民地主義と、アイデンティティーの破壊を目的とした最悪の弾圧による犠牲者である。しかしながら西欧では、後者の二つの民族の広大な領土で起きている虐殺や不正については黙殺してきた。その理由は単純である。亡命中のチベット国家元首が世界的に知られているのに対し、モンゴル族とウイグル族にはカリスマ性のあるスポークスマンがいないのだ。さらにウイグル族の場合、イスラム過激派の悪いイメージが付きまとう。伝説的に平和主義とみなされている民族への弾圧は大方の憤慨を買う。しかし、イスラム過激派と同一視されうる少数派を抱えている民族が弾圧された場合、国際社会は動こうとしない。モンゴル族もウイグル族もチベット族と同じ不正義に苦しんでいるのだが。

ウイグル族の悲劇

もとはモンゴル高原（ステップ）の遊牧民であったウイグル族は、八世紀の中頃から唐帝国との境界地域に定住し始めた。勇猛な軍団であり、交戦した中国軍、イスラム軍、モンゴル軍を討ち破って頭角を現し、東トルキスタンあるいはウイグルスタンと呼ばれる地域に住み着いた。支配者たちは当初キリスト教を信仰したが、後にイスラム教に改宗した。広大な土地には隊商の通路が何本もあり、牧畜も盛んで繁栄を謳歌した。

しかし一八世紀の半ば、清の乾隆帝（一七三五―九六）は明快な地政学的ビジョンを持ち、中国内部の平和を保つには国境近くの地域を支配下におかなければならないと考えた。こうして清は軍を送り、一〇〇〇年以上独立していたウイグル王国を一七五六年に征服した。乾隆帝は守備隊を配置し、中国の入植が少しずつ始まった。ウイグル族はそれに反発し、四〇回以上も反乱を起こした。満州民族の清王朝は内部抗争にあけくれ、欧米列強からは開国を迫られて（一八四二年）弱体化し、ウイグル族の最後の反乱を抑えることができなかった。こうして一八六三年に、ウイグル王国が再建され、イギリスをはじめ数か国が承認した。

しかし、アジアがいわばチェス盤となり、その上でロシアとイギリスが持ち駒を動かす「大勝負」が展開されるようになると、灰から蘇ったウイグル王国の命運は尽きる。イギリスは、ウイグルが中央アジアの広域で植民地化を進めるロシアの傘下に入るのを恐れた。イギリスはそれまでの方針を一八〇度転換し、ウイグルに侵入するための資金を清に提供した。一八七六年にウイグルは敗北し、数年後（八四年）、「新しい領地」を意味する新疆という名の下に、中国に併合された。

一九一一年に辛亥革命が起き、新疆は無政府状態に陥った。代々の部族長、改革運動家、中国の軍閥、筋金入りの策謀家たちが入り乱れ、さらにソ連の影もちらつき、抗争が激しくなった。この時期に、東トルキスタン・イスラム共和国（一九三三年から三四年）と東トルキスタン共和国（一九四四年から四九年）が生まれたが、後者は中国の共産革命によって消滅した。

一九五〇年代半ば以降、新疆は中国の五つの自治区の一つとなった。

共産革命の後、北京政府は繰り返される独立運動を徹底的に弾圧した。その領土を植民地化し、戦略上かつ経済上の目的で何度も食い物にしたため、住民の間に根深い恨みを生んだ。最初の大暴動（一九五四年）の後、絶え間なく抑圧が続いた。一九八九年の旧ソ連崩壊、隣国カザフスタンの独立達成（九一年）によってウイグル人は再び希望を抱き、独立運動が再燃した。それに対する中国の政策は断固としたものであった。国境の軍事統制、苛酷な弾圧、投獄、追放、強制収容などである。この結果、ウイグル人の意識の中でイスラム主義への共感が育っていった。こうしてアフガニスタン、パキスタン、その他の中央アジア地域で、過激で暴力的な運動に身を投じるウイグル人がみられるようになった。

二〇〇一年九月一一日のテロ以後、アメリカと国連に続いて多くの国々がこれら過激派を非難した。中国は、「悪の枢軸」と対決する国際情勢を利用して、新疆の独立運動への弾圧を強化した。彼らに過激派のレッテルを貼り付けたのだ。今日新疆では、チベットとは反対に、ウイグル族がわずかながら多数派となっているが（漢民族四一パーセントに対して四五パーセント）、基本的な権利は事実上奪われている。表現の自由は空しい希望に過ぎず、モスクはイスラム主義者の集会所となるとの疑いから礼拝が許されず、経済、特に強大な石油会社はほとんど中国の大企業に握られている。ウイグル人にとって不幸なことに、領土には豊富な石油が埋蔵されている。中国にはこれを手放すつもりなど毛頭ない。

モンゴル族の悲劇

モンゴル人の境遇も羨《うらや》むべきものではない。モンゴル人はアジアの一部をその支配下においいたチンギス・カーンの子孫であるが、各部族の伝統や言語が互いに非常に似通っているにもかかわらず、今まで統合されたことがない。つまり、モンゴルとは多様性をもつ部族の総称である。彼らは東シベリアあるいは現在の中国北部で遊牧生活を営み、その習慣、宗教（チベット式仏教、シャーマニズム、キリスト教、少数のイスラム教）には共通点が多い。

モンゴル族の過去の栄光は知らぬ者のない史実であり、ここでは一三世紀の中国（南宋）征服とモンゴル王朝元の建国だけを挙げておこう。一三六八年に中国を失ったが、清建国の一七世紀までアジアの紛争に介入し続け、その影響は大きかった。満州族はモンゴル族の協力を得て中国を征服し、清を建国して中国の支配を始めた（一六四四年。一九一一年まで）。満州族皇帝は政権を奪取するやモンゴル人が果たした役目をすぐに忘れ、中国とロシアの間に緩衝地帯を創るという論理に則って、モンゴルの領地を二分した。つまり、中国側の内モンゴルとロシア国境に沿った外モンゴルである。その時代に登場したのが、ダライ・ラマ五世によってモンゴルの活仏と認定された初代ボグド・ゲゲンである。歴代のボグド・ゲゲンはモンゴル史上の中心人物であり、ダライ・ラマのような政教両面のリーダーとして一七世紀以降、首都ウルガ周辺のステップ地帯を支配した。

一八世紀と一九世紀には、ロシアと中国は東シベリアの国境問題で対立し、国境条約を結ぶに至った。その結果、モンゴル人は境界線を押し付けられたが、彼らの伝統に馴染まないものであった。人々の間には中国とロシアに対する強い反感が生じたが、モンゴル人指導者たちはかなり日和見《ひよりみ》的であり、利害関係に応じて中国あるいはロシアにすりよった。いずれにしろ、行政的には二つのモンゴルは中国のものであったが、ステップ地帯で中国の代表者を見かけることはほとんどなかった。そのため、生活様式、宗教、信条、社会組織はほとんど変わらなかった。

一九一一年の辛亥革命で情勢は一変し、ボグド・ゲゲン八世が率いる外モンゴルは独立を宣言した（一二年）。チベットと宗教上の関係が非常に深いため、この独立行動はダライ・ラマ一三世によって好意的に受けとめられた。しかしながら、ボグド・ゲゲン八世は聖職者としての資格が危ぶまれるほど放埒な生活を送っていたため、ダライ・ラマは尊敬の念をほとんど抱いていなかった。

その時から、二つのモンゴルは別の運命をたどることになった。外モンゴルでは共産主義革命が起き、一九二一年の勝利の後、モンゴル人民共和国を樹立し（二四年）、新生ソ連の属国となった。土地改革により伝統的な牧畜業は混乱し、反宗教的な政治は住民の生活を劇変させた。飢饉による死者、裁判抜きの処刑、僧や尼僧の追放、寺や修道院の破壊、伝統の禁止などが襲いかかった。国際社会が無関心でいるなか、モンゴル人はあらゆる苦しみを味わった。ダライ・ラマ一三世が一九三二年の遺言の中で言及したのはこのことであった。共産主義の名で実践された政治が兄弟国モンゴルにもたらしたのは廃墟と荒廃だけだったのだから、チベットはその轍を踏まないように身を守らねばならないと強調したのだ。一九九〇年前後に起こった旧ソ連の崩壊と分裂の後、外モンゴルは改革を余儀なくされた。以来、モンゴル人民共和国はモンゴル国（ウルス）となり、大統領制と議会制との間で道を模索している。今日、いまさら伝統的な生活に戻るのは不可能であり、モンゴル民族は今も自分たちのアイデンティティーを探っている。長年待ち望んできた表現の自由については、実現した。

モンゴル自治区内の共産主義革命（一九四七年）以前からすでに中国に併合されていた内モンゴルの場合、事情は異なる。毛沢東一派がすでに支配を始めていて、実施された政策はことのほか厳しかった。なぜなら、第二次大戦中、日本がモンゴル人の反中国感情を利用して内モンゴルを後方基地としていたためである。中国共産党の出張組織、内モンゴル人民党は一九四九年の共産党勝利の後、中国共産党と合体した。文化大革命（一九六六―七六）の暗黒時代、伝統社会の解体、迫害、破壊がモンゴル社会を襲った。この間、紅衛兵が数万人のモンゴル人を追い回した。

それでも北京政府への反抗が無に帰したわけではなく、特に若者の間で民族自決と民主化を求める運動が再び起こった。最近、自治区内で進歩主義の東部グループと西部グループが断絶したが、それにもかかわらず中国の体制への反発は非常に強い。自治区の工業化に伴って、中国の植民地政策が強化されていることも拍車をかけている。

その結果、中国内の他の地域と同様に、弾圧は苛烈であった。反体制支持者の多くは国外追放、強制収容、投獄を科せられた。一九九七年、分離独立と民主主義を標榜する新しい内モンゴル人民党が国外亡命者たちによって創設された。この政党は自治区内に党員や賛同者を持ち、特に二〇〇八年三月の事件以後、チベット人の闘争を支持している。二〇〇八年一月六日のジャランバヤル・ソヨルトの逮捕のように、モンゴルの民主主義者の不法逮捕が横行しているが、不幸なことに、その訴えはチベットほど世界の注目を集めていない。

何と中国領土の六割は漢民族のものではない

一九四九年に毛沢東によって建国された中華人民共和国は、現在五六の民族によって構成されており、そのうち最多の漢民族は人口の九三パーセントを占めている。ところで、自分を中国人だとみなしているのは漢民族のみである。残りの七パーセントは、常に領土拡大の野望をもつ中国によってさまざまな時代に征服された民族である。こうして植民地化された土地は現在の中国の国土の六〇パーセントに当たる。そこは戦略上、軍事上のみならず、経済的にも重要拠点となっている。なぜなら、新疆の石油はもちろんのこと、牧草地の八九パーセント、森林の三七パーセント、水源の約五〇パーセント（主にチベット）がこの中に含まれるからである。

Nigensha World Issues **新刊のご案内** 2009年3月現在

＊28の質問でチベット問題まるわかり！

チベット 真実の時Q&A

フレデリック・ルノワール 著
神田順子 訳

チベット問題をクローズアップした、北京オリンピックとそれに先立つ各地での騒乱に引き続き、ラサ蜂起とダライラマの亡命から五十年を迎えた今、世界の眼は更めてこの地域の動向に注がれている。二〇〇八年、チベットに関してヨーロッパの人々にも客観的で公正な情報を与えようと刊行された本書は、誰もが抱くような二十八の質問を設定、これに答える形を取ってチベットをめぐる問題が多方向から理解できるよう構成されている。

四六判・240頁●1680円

＊亡命政権樹立50年を機とする写真集！

ダライラマ 真実の肖像

5月上旬配本予定

ダライラマ14世／クロディーヌ・ベルニエ＝パリエス 著
神田順子 訳

ダライラマのインド亡命から五十年となる二〇〇九年を機に世界同時出版される、ダライラマ14世、初の本格的伝記写真集。農家での誕生からポタラ宮での幼少期、インドへの亡命を経て現在に至るまで、七十余年に亘る生涯と、その間の出来事を物語る百七十枚の写真を収録、それぞれにダライラマ自身のコメントを添えた。また、フランス人ジャーナリストによる詳細な解説はチベットの仏教と歴史についての格好の入門書となっている。

300×225㎜判・上製・120頁●4095円

二玄社 東京都文京区本駒込6-2-1／〒113-0021〈価格税込〉
Tel.03-5395-0511 Fax.03-5395-0515 http://nigensha.co.jp

中国の作家、王力雄は、中国の指導者が少数民族問題での妥協をことごとく拒む理由を、端的に表現している。「中国が、ソ連が用いた手法で少数民族問題の解決法を見出せないのは、危険な人口爆発、人口過剰、資源不足というマイナス要因があるためだ」

別の言い方をすれば、ロシアは人口に見合うだけの領土と充分な資源を有していたので、広大な帝国の崩壊を見過ごすことができた。中国の場合はそれと異なり、モンゴル民族、チベット族、ウイグル族の独立は、人口過剰の領土の半分以上と経済上重要な天然資源を失うことを意味する。したがって、国際的にはイメージダウンが避けられないと知りながら、なぜ中国政府が頑なな態度をとるのか、共感するとはいわないまでもその理由はよく理解できる。報道が少なくそれほど知られてはいないが、チベットの背後には、ほぼ同程度の危険をはらむ別の二つの問題が姿を現している。モンゴルとウイグルの民族問題である。

チベットの未来

扉写真　チベット亡命政府のあるインド・ダラムサラで
修行する尼僧たち（ゲデンチョリン尼僧院）。
Ⓒ Tomoko Suzuki 2009

Q17 なぜダライ・ラマはチベットの独立を要求しないのか？
Q18 もっと過激な動きはあるのか？

Q12―13の項で述べたように、植民地支配の終結、中国軍の撤退、チベットの独立は、ダライ・ラマにとってもチベット国民にとっても正当な要求であるはずだが、こういった基本事項に関してもダライ・ラマが中国と対等の立場で交渉に臨めたことは一度もなかった。一九八〇年代初頭の消極的な開放政策の時期、鄧小平はダライ・ラマの密使たちに「すべての問題に交渉の余地がある。ただし独立は別だ」とはっきり言いきっている。この言葉から、インドに亡命しているダライ・ラマは「チベットの独立を要求し続けるかぎり、何も得ることができない」と悟ったのである。チベット側の主張がどんなに正義に適《かな》っていたとしても、中国は世界の他の大国が異議を差し挟めないほどの強国になったのだ。

ダライ・ラマが中国政府に圧力を掛けるために使える武器は二つある。一つは占領を拒否するチベット国民の固い意思、もう一つは欧米の世論、すなわちチベットの立場に理解を示す人々の精神的支援である（この件はQ26の項で再び取りあげたい）。これだけでは独立問題について中国を屈服させることは難しい。しかし、独立以外の要求に関して中国に妥協を促すことは可能である。中国警察による暴力と中国人入植者の送り込みをやめること、学校や官公庁においてチベット語を再び使えるようにすること、信教と宗教の自由を重んじること、地方行政機関に公平にチベット人代表を置くことなどである。

これらの要求事項は、チベット民族とそのアイデンティティーの存続に必要不可欠である。一九八〇年代初頭に北京との対話が再開されたとき、ダライ・ラマが「独立は断念するつもりである」と公式に告げた理由もそこにある。だが、すでに述べたように、この最大の譲歩も交渉を進展させるに至らなかった。ダライ・ラマがチベット自治区外の近隣州に住むチベット人についても自治と文化的自由の拡大を要求したところ、中国側がこれに対して拒絶反応を示したのである。

その後、独立放棄を正式に表明しているダライ・ラマが「不利な力関係から独立は諦めざるを得なかったが、歴史的事実に立脚すれば、独立放棄は本来絶対にあってはならないことだ」と繰り返し述べていることに中国側は苛立ちを募らせてきた。中国の指導者たちが望んでいるのは、チベットは常に中国の一部であった、チベットにおける中国のプレゼンスは植民地支配とは異なる、とダライ・ラマが公式に認めることだからである。

ダライ・ラマがそのような歴史的真実に符合しない声明を行うはずがない。これについては、彼自身が伝記作者であるトマス・レアードに言っている。「『チベットが昔から侵すことが許されない中国領土であったことは歴史的事実だ』と、いくら中国政府が私に認めさせようとしても、また私がたとえそれを認めたとしても、歴史の真実は変わらないだろう。チベットの歴史的ステータスは政治が決める問題ではない。それは歴史家たちが決めることだ」。こうして膠着状態が続いている。

ダライ・ラマは一九八〇年代に国の独立を断念することで方向転換したと言えよう。文化的自治のみに甘んじ、経済的、軍事的、また対外関係については引き続き中国に依存することで折り合いをつけようとした。できるだけ早く国民の苦しみを軽減し、文化的アイデンティティーを守りたいという思いからこの譲歩に踏み切ったのである。中国政府がこの妥協策も先に述べた二つの理由から拒み続けているため、今日ではダライ・ラマのやり方に異議を唱える若いチベット人が増えてきたことは無視できない事実だ。彼らは中国側の誠意が信じられなくなっているし、話し合いが行われた場合でも期待できるものは何もないと思っている。

チベットの若者たちが声高に要求しているのは国の独立である。今回チベットで暴動が起きたとき、「チベットに自由を」「チベットに独立を」と書かれた横断幕が数多く掲げられた。そして国外でも、口を開けばこの要求を繰り返す亡命チベット人が増大している。ここ二〇年の間に、四散したチベット人共同体内で複数の団体が設立され、過激なスピーチが交わされている。彼らはダライ・ラマを公然と批判することは厳に慎んでいるが、その非暴力、対話、譲歩の戦略に疑問を抱いている。「ダライ・ラマの戦略では今のところ、チベット情勢は少しも改善に至っていない」というのがその理由だ。

一九五九年のラサ蜂起の記念日に当たる二〇〇八年三月一〇日、チベットの人々による「母国帰還」の行進がインド北部から始まった。およそ二〇〇〇人のチベット人を結集したこの行進は、インド警察によってすぐに阻止された。しかし同じ日、チベットでも僧侶たちがデモを行っており、周知のように、このデモの弾圧がチベット各地に民衆蜂起を巻き起こすことになった。これらの暴動がメディアに大きく報道されて、チベットが再び世界の関心を集めることになったのは北京オリンピックの数か月前のことだ。確たる証拠があるわけではないが、「チベット民族蜂起」を促したこの行進の主催者たちは、ラサでデモを行った僧侶たちと接触していた可能性がある。しかしながら、中国当局の主張とは裏腹に、これらの示威行動を主導したと思われるのは「ダライ・ラマとその一派」ではなく、チベット青年会議、チベット婦人協会、グチュスム、国民民主党、自由チベット・インド学生組織の五つの団体であろう。これらのチベット人組織は「ダライ・ラマ一派」よりもはるかに過激で、公然と独立を要求している。

こういった団体が組織されたのは今回の暴動が起こる何か月も前で、北京五輪を視野に入れ、さまざまな方法でチベット問題に国際社会の注意を喚起するのが狙いだった。それがよく分かるのは、二〇〇八年一月一五日に「チベット・インフォネット」のサイトに発表された公式声明である。声明は次のような文章で締め括られている。「『チベットへの行進』は亡命チベット人たちが発案した計画であり、本土に闘いを呼び戻して抵抗運動を高めることを目的とする。この行進は、一九五九年のチベット民族蜂起四九周年記念日にあたる二〇〇八年三月一〇日に始まる。チベット人は世界の至るところで、聖火リレーの期間中およびオリンピック大会の際、非暴力活動と集団抗議を組織するだろう。元政治囚の団体「グチュスム」のガワン・ウバル会長は『五〇年を経た今、われわれ亡命チベット人は本土に帰還し、チベットのすべての兄弟姉妹と再び一つになることを決意している。これが中国当局に向けたわれわれの力強く明快なメッセージである』と述べた」（全文は参考資料2を参照）

これらの組織は少なくとも目標の一部を達成したと言えるだろう。とは言え、北京の態度に何ら変化が見られなかったのだから、最重要目的は果たせなかったことになる。一方、ダライ・ラマの側近たちは、世界の注目を集めたこれらの過激な示威行進が逆効果となり、中国の指導者たちが態度を硬化させることを憂慮した。ダライ・ラマがたえず冷静な対応を呼びかけ、オリンピックのボイコットを主張しなかった理由はそこにある。中国に抗議する暴力行為の多発（チベットで中国の民間人たちがリンチを受けた等）に直面し、ダライ・ラマは暴力が止まないなら自分は退位するとの警告を発した。

今回のデモによって、チベットの抵抗運動における武力行使の可否が改めて問われることとなった。共産主義の中国がチベットからの撤退を受け入れることは断じてないと思われる以上、「雪の国」チベットの解放は武力闘争によってしか成し得ないのではないか。だがダライ・ラマは、こうした手法による解放を五〇年以上前から拒み続けているのだ。ダライ・ラマは僧侶であり、どういう形であれ暴力を認めないからだ。しかしそれだけではない。これは政治的現実主義（リアルポリティーク）に基づく判断でもあるのだ。実際のところ、武器を持たず数の上でも六〇〇万を下回るチベット人が、チベットに配備された何十万という中国人兵士に打ち勝てるだろうか。過去のさまざまな事実がダライ・ラマの判断が正しいことを証明している。中国共産党当局は、ラサでも北京でも民衆に一斉射撃することをためらったことがない。自分たちの死活に関わる利益が脅かされたと感じるとき、中央集権的権力を握る人々にとって越えてはならぬ一線など存在しない。第一、中国政府に一大転換を期待することは無理だ。チベット独立承認は、国民を嘘の上塗りで何十年も操ってきたと認めることに他ならないからだ。

まさしくそこがイギリスと中国の違いである。ガンジーが貫いた非暴力主義は、イギリスからインドの独立を勝ち取った。植民地主義とはいえ西欧民主主義国家であったイギリスでは、遠くの領土を維持するために無数の人の血を流すような事態は、何より世論が認めなかったはずだ。相手が中国共産主義体制では事情は全く異なる。自国の殻に閉じこもり、世界の非難を浴びるのは覚悟の上で、中国はこれまでと同じく大量虐殺をためらわないだろう。

ダライ・ラマは政治的には誤っていないだろう。きわめて強引で融通がきかない体制に抗するとき、いつかは事態が好転するという希望を与えてくれるのは、非暴力と譲歩の政策だけかもしれない。北京との交渉の進展を願うダライ・ラマにとって、最後の頼みの綱は中国国内の情勢が変わること、国際社会の圧力が増大することである。しかし、ダライ・ラマが生きている間にそうなるとは限らない。また、この偉大な平和主義の指導者がいなくなれば、暴力的手段を用いてでもがむしゃらに自らの主張を訴えようとするチベット人が増えてくることは必至だ。中国の民間人を人質にとったり、テロに走ったりすることもあり得るだろう。中国占領下の抑圧しか味わったことがない若い世代のチベット人の恨みはそれほど深く、将来展望ゼロという悲劇を抱えているのだ。しかも、占領以前のチベットを牧歌的な国として理想化している者も多い。

今のところ、ダライ・ラマの権威は絶対的で、いかなる集団もそういった極端な行動に出ていない。最も過激な独立派でも平和的なデモを行うにとどまり、ロビー活動と国際世論の喚起に努めている。だが、チベットで何も変わらなかったとしたら、後どれくらいこの状態が保たれるだろう。二〇〇八年一一月、世界各地の亡命チベット人コミュニティーから代表六〇〇人が参加する特別会議がダラムサラで開催され、非暴力抵抗運動とダライ・ラマが説く「中道政策」の継続を表明して閉幕した。しかし同会議での論議を検証すると、現在では多くのチベット人が態度を硬化させており、「より強硬に出て、中国政府の嘘と犯罪をより公然と非難すべきだ」と考えていることがわかる。

Q19 ダライ・ラマは退位できるのか？
Q20 誰が後継者となるか？
Q21 ダライ・ラマは生まれ変わるのか？

二〇〇八年三月一八日、ダライ・ラマが「チベット人が激しい抗争を続けるなら、私は退位する」と告げたとき、西欧人の多くが疑問を抱いた。生まれながらにしてダライ・ラマとなった人物がどうして退位できるのか。テンジン・ギャツォは亡くなるまでダライ・ラマの称号を持つ者であり、彼が生きている間に、その生まれ変わりとされる後継者を探し求めることはあり得ないのではないか。

「退位する可能性がある」と言明することでダライ・ラマが言わんとしているのは、単に政治のリーダー、つまりチベット亡命政府の元首としての職務を放棄する可能性があるということだ。一九六〇年代に始まった民主化のプロセスを経て、今日のダライ・ラマは政治的にはもはや象徴的権力しか有していない。それはイギリスのような立憲君主国に見られる形態に近い。ダライ・ラマの主な政務は基本方針を示し、選挙人が選んだ事柄を承認することである。行政権を双肩に担うのはカシャクと呼ばれる内閣で、サムドン・リンポチェ教授（一九三九年生まれ）

が主席大臣として率いている。教授は二〇〇六年七月に五年任期で再選された。立法権を司っているのは、世界各地に四散したすべてのチベット人によって民主的に選ばれる、同じく任期五年の議員たちである。彼らは閣僚を選出する役目も担っている。二〇〇六年に行われた前回の選挙以降、亡命チベット代表者議会の議長はカルマ・チョペル、副議長はドルマ・ギャリが務めている。したがって今日、政権を握っているのは主として選挙で選ばれた人々だと言えよう。

ダライ・ラマが退位するとしたら（中国当局にとっては願ってもないことだろう！）、それは単にチベットの政務の指揮をとるのは止めるという意味である。ダライ・ラマはずっと僧侶のままでいるし、チベット国民の政治的代表者という肩書抜きで今までどおり惜しみなく宗教の教えを説き続けるだろう。

彼の後継者は民主的に選ばれるだろう

ダライ・ラマのこの退位問題からさらに後継者問題が生じてくる。健康上の理由によっても退位、継承という事態はいつでも起こり得る。一九六三年に採択された憲法草案には、ダライ・ラマが政務に不適格と認定されるケースについての規約がある。テンジン・ギャツォ自身もこれまでたびたび「この私が、自動的にチベット国家元首に指名された最後のダライ・ラマであればいいと思う。国民のために現代の民主主義制度の採用を推奨する」とはっきり口にしてきた。言い換えれば、自身が亡くなるにせよ退位するにせよ、後継者を選ぶために自由選挙が行われることを現ダライ・ラマは望んでいる。チベットが中国占領下にあるかぎり、この選挙は亡命チベット人共同体だけで行うしかないだろう。しかし、いつかチベットが独立か少なくとも真の自治を取り戻すことができたとき、チベットの未来の指導者がすべてのチベット人による直接普通選挙で選出されることをダライ・ラマは願っているのだ。

こうした意向が繰り返し表明されたことから、ダライ・ラマが必然的に国家元首となるのは現在の一四世で最後になる、と断言できるが、だからといって、ダライ・ラマ制度が転生のプロセスとともに消滅する運命にあるわけではない。未来のダライ・ラマが一六四二年以前と同じように宗教的役目だけを担うようになる可能性は高い。同時に、成人してからチベット国民によって普通選挙で国家元首に選ばれる可能性も少なくない。他の傑出した僧侶が国家元首に選出されることも十分にあり得る。現代の民主主義の採用を望んでいるチベットの人々にとって、投票によって高僧を国家元首に選出することは、チベットの特異な伝統と民主主義のルールの融合を可能にしてくれるものであろう。

以上の観点からさまざまな候補者が考えられるが、その中には転生トゥルク（活仏）と見なされている二人の高僧がいる。パンチェン・ラマとカルマパである。どちらも高い地位に就いており、それだけで――少なくとも一部のチベット人にとっては――国家元首の資格がある。

この二人のどちらかが後継者に選ばれた場合、チベットの波乱に満ちた過去の亡霊が蘇り、何らかの困難が生じてくるかもしれない。とは言え、この二人が有力な候補者である以上、彼らが今日置かれている特異な状況を一考しておくことは有益であろう。

世界で一番幼い政治囚

Q12—13の項で言及したように、パンチェン・ラマ一〇世は一九八九年、定かではない状況の中で死去した。享年五〇歳であった。その数年後、チベットの宗教界は彼の生まれ変わりを探し始めた。いくつもの神託に伺いを立てたが、その中にはダライ・ラマに直接下される例のネチュン神託も含まれていた。そのすべてがパンチェン・ラマはすでにチベットで転生していると告げた。それから何年も探し求めた後、代々パンチェン・ラマが座主を務めるタシルンポ寺の僧侶たちは、生まれ変わりであると確信できる子どもを発見した。彼らはそのことを中国政府には知らせず、古くからのチベットの慣習に従ってダライ・ラマに報告した。

ダライ・ラマはひそかに密使を送り、転生者認定の伝統的儀式を行わせた。そして一九九五年五月一四日、「遊牧民の子でゲドゥン・チューキ・ニマという名の六歳の少年が先代の生まれ変わり、第一一代のパンチェン・ラマと認められた」というダライ・ラマの正式な発表があった。その三日後、少年と家族は中国警察に捕らえられた。以後、彼らの姿を見た人はいない。

それから一年の間、中国政府は拘留を否認し続けるが、子どもの権利を守る国連人権委員会に難詰され、ついに「両親の求めに応じ、少年は政府の庇護のもとに置かれた」と認めることになる。政府は委員会のメンバーが彼を訪問することを断固として拒み、「少年は分離主義者たちに誘拐される恐れがあり、彼の安全が脅かされている」と説明することで、その行為を正当化している。このようにしてゲドゥン・チューキ・ニマは、六歳にして世界で一番幼い政治囚となった。彼は今では一九歳になっているはずだが、その所在を知っている者はなく、彼がまだ生きているかどうかもわかっていない。

中国共産党当局の厚顔無恥はそれだけでは止まらなかった。これまで何十年もの間、「生まれ変わりを信じるのは、僧侶たちの権力保持を許す有害な迷信である」としきりに意見してきた政府が、パンチェン・ラマの「真正な生まれ変わり」を探し出して指名したのだ！　監禁されたパンチェン・ラマと同じ時期に同じ地方で生まれた子どもたちを候補者として選ぶという茶番劇が演じられた。そして一八世紀に乾隆帝が行った改革に倣ってくじ引きが行われ……当たりくじを引いた子どもがパンチェン・ラマとなり、中国共産党による盛大な即位式が行われたのだ。チベット人たちがこのような猿芝居を好むわけがなかった。この子どもをパンチェン・ラマとして認めなかっただけでは済まず、それが引き金になってチベット全土で激しい暴動が始まった。イタリア共産党が枢機卿たちに代わってローマ法王を指名するとしたら、カトリック教徒がどれだけ反発するか想像してみよう。

それだけではない。少年とその家族を監禁し、宗教儀式の真似事を行っただけでは飽き足りなかった中国政府は、ダライ・ラマが選んだ少年をパンチェン・ラマの真正な転生者と認めた人々を迫害し始めた。彼の写真を所有することも厳しく禁じ、違反者を投獄するようになった。かくして何十人もの僧侶、尼僧が逮捕されたのである。タシルンポ寺の高僧チャデル・リンポチェは、中国共産党から転生者探索を命じられていたが、中国政府にのみ伝えるべき情報をダライ・ラマの密使たちに漏らしたとして、懲役六年の刑に処された。彼は二〇〇二年に刑務所から出て以来ずっと軟禁されている。名ばかりのパンチェン・ラマはどうかと言えば、彼は二〇〇八年三月一六日、国民に冷静さを取り戻すよう呼びかけ、「国を分裂させ、民族統一を妨げるどんな活動にも」反対であることを表明した。ご多分に漏れず、この声明も効果はなかった。

僧侶であり活仏であり犠牲者であるゲドゥン・チューキ・ニマは、チベットでは強いオーラのある存在である。いつか彼が解放されたら、現在のダライ・ラマの後継として有力な候補者になるだろう。それがまさに中国政府が彼を殺したか、あるいは幽閉している理由である。彼にじかに共産主義教育を施し、いつか御しやすい操り人形にしたいと思っているのかもしれない。

一つの玉座に二人の候補者

チベット仏教のもう一つの最高位であるカルマパは、チベットや欧米でとても人気がある。カルマ・カギュー派の管長であり、模範的な宗教的指導者であったカルマパ一六世は、インドに亡命した後、欧米への仏教伝播に重要な役割を果たしていた。彼は世界数十か所にチベット仏教センターを設立し、一九八一年にシカゴで死去した。だがその後継者選びが、純粋に宗教的な側面を超えて、権力とお金が絡む問題となった。今回は中国側が口出しするには及ばず、内紛によって深刻な事態に陥ったのだ。カルマパ一六世が存命中に指名した四人の摂政が仲間割れしたためである。まず、摂政のひとりシトゥ・リンポチェが、カルマパの生まれ変わりを発見したと宣言した。彼のこの選定を残りの摂政が受け入れ、一九九二年六月にはダライ・ラマも有効と認めた。その青年はウゲン・ティンレ・ドルジェという名で、チベット自治区にあるツルプ寺で即位した。だが、その後どんでん返しが起きる。最高位の摂政シャマル・リンポチェ（フランスのドルドーニュ地方にあるカルマ・カギュー派のヨーロッパ・センター長である）が前言を翻したのだ。彼は一九九四年に別の少年を見つけたことを明らかにし、その少年をニューデリーにおいてティンレ・タエ・ドルジェという名で即位させた。そこでカギュー派が二つに割れることになる。チベットのラマの大多数は、ダライ・ラマが認めたシトゥ・リンポチェの候補者の側についており、シャマル・リンポチェの候補者を推しているのは少数派である。

シャマル・リンポチェの支持者たちの論拠は「ダライ・ラマが認定したカルマパは中国当局の言いなりで、彼の住むツルプ寺で事実上は拘留されているのと変わらない。それに対しても う一方の少年は、シャマル・リンポチェが首尾よくチベットから脱出させたため、今はインドで生活し、自由に旅ができるし真のチベット教育を受けることもできる」というものであった。が、またもやどんでん返しがあった。二〇〇〇年一月初旬、一五歳になるチベットのカルマパが、中国人の監視を欺いて僧院から逃げ出したのだ。山を越えて一週間歩き続けた末、ダラムサラのダライ・ラマのもとに辿り着いたという。この一件は世界に知れ渡り、果敢な若者の素顔が世に明かされることになった。逃亡直後の彼の発言には、中国の体制に対する明晰で成熟した考え方が表れている。

この逃避行は即刻、チベットにさまざまな影響をもたらした。まずカルマパの両親や側近の僧侶たちが、身柄を拘束されたか軟禁された。それからカギュー派最高指導者のひとりの生まれ変わりとされる幼いパオ・リンポチェも、当時まだ六歳だったが、すぐに監視つきの住居に移され、中国式の教育を受けることを強いられた。今日では自由の身になり、カルマパの僧院のすぐ脇にあるネナン僧院に戻って暮らしているが、彼の一挙手一投足を住み込みの中国人警察官が常に見張っている。カルマパの逃亡がもたらしたもう一つの出来事は滑稽である。事件のあと数週間経って、中国政府は宗教上の事柄にも権限があることを誇示しようと、チベット仏教の高位活仏の転生者を探し出したと報じたのである。摂政レティン・ラマの生まれ変わりである。中国人抜きではチベット人は転生者選びもままならないというのか！

私は二人のカルマパと直接会ったことがある。ひとり目とは二〇〇一年にダラムサラの近くで、二人目とは翌年フランスで会った。二人は顔立ちも性格もかなり違う。ダライ・ラマ認定の前者は、みなぎる力と深遠なまなざしが印象的である。シャマル・リンポチェ認定の後者は、彼よりもずっと柔和で、かなり内気に見える。

いつの日か、カギュー派は二人のうちのどちらかを中心に団結するのだろうか。それは誰にもわからない。二人のどちらもまだ若すぎるため、カギュー派の運命の手綱を引く役割を引き受けることはできない。とは言うものの、チベットのウゲン・ティンレ・ドルジェの逃走劇は彼の意志の強さを証明した。いずれにしても、ダライ・ラマの後継として信頼できる正統な候補者は、大多数のチベット人の見解どおりに、このウゲン・ティンレ・ドルジェとパンチェン・ラマの二人に限られるだろう。

可能性が高い二つのシナリオ

ダライ・ラマ一四世の後継者がただちに選ばれる事態になったとき、チベット人にとって考えられるシナリオは複数ある。そのいずれの場合でも、継承は民主的な方法で行われるだろう。つまり、現在の国民議会あるいはチベット亡命政府で信任を得ている非聖職者も、パンチェン・ラマやカルマパのような威信のある高僧たちと同じく、正統な後継者候補になり得るということだ。ダライ・ラマの後継者選びが近いうちに行われるなら、チベットの高位聖職者である青年たちはこれほどの責務を果たすにはまだ若すぎるので、私は前者からの選出の方が妥当だと思う。継承までに一〇年以上の期間があるのなら、後者からの選定の方に分があるだろう。というのは、チベット人は独自の伝統を守り、こういった選定が象徴する威光を大切にしたいと願っているからである。彼らは現ダライ・ラマと同じようにカリスマ的な僧侶が跡を継ぐことを信じ、ダライ・ラマ一五世の再来を待ち望んでいるのではないか。

ダライ・ラマの生まれ変わり

信仰していない人々にとって転生はかなり現実離れした話だが、これについてダライ・ラマは繰り返し質問を受けている。たいていはユーモアを交えて答えるダライ・ラマだが、その冗談めいた口調にもかかわらず、自らの再来について終始一貫した考えを持っていることがうかがわれる。よく言われてきたこととは逆に、ダライ・ラマがもう転生はしないという決意を表したことは一度もない。この点をまず押さえておこう。少し前で説明したように彼は、ダライ・ラマが自動的にチベットの政教両面の指導者になる古来のやり方を終わらせることを心に決めている。だがそれは、転生のプロセスの続行停止という意味ではない。今のところ、テンジン・ギャツォは一度も生まれ変わりを断念したと明言していないし、チベットの高位聖職者たち——ならびに中国政府——が、彼の死後ただちに生まれ変わりを探すことは確実である。

ダライ・ラマは自らの生まれ変わりについて、少なくとも二つの貴重なヒントを与えている。一つは女性の体で生まれ変わる可能性もあるということ、もう一つは中国占領下のチベットには再来しないだろうということだ。一つ目の発言は彼の自由闊達な精神を表しているが、フェミニズムに対して彼とは意見を異にするチベットの僧侶たちにとっては、間違いなくやっかいな問題となろう。これと関連して思い出すのは、ダライ・ラマがチベット亡命議会に多数の女性議員が選ばれるのを願っていたことだ。現に、議会の副議長はドルマ・ギャリという女性である。二つ目の発言は政治的にとても巧妙である。というのは、中国側が企てているあらゆる工作を無効にするからだ。中国は必ずやチベットでダライ・ラマ一四世の生まれ変わりを見つけたと言い張るだろう。その少年に中国への忠誠心を吹き込む教育を施すためである。ダライ・ラマは「自分が再来するのは自由で民主的な国であろう……。しかもチベット人の顔形で現れるとは限らない」と断言している。チベット人たちがデンマーク人とかケニア人の相貌をしたダライ・ラマを、真のダライ・ラマ——彼らのアイデンティティーの最高の発現——として認めるのは難しいだろうから、これは驚きの発言である。しかし、チベット人ではない生まれ変わりの可能性を告げたことは、ダライ・ラマのユーモア精神と並々ならぬ開明性の証《あかし》であろう。

Q22　中国人はチベット問題や人権についてどう考えているのか？

他の少数民族も同じように迫害を受け、チベット民族への連帯感を抱いている。たとえば、ヨーロッパに居住するウイグル難民は二〇〇八年三月一八日、ミュンヘンでチベット民族を支持するデモを行った。また世界各国で組織されるさまざまな抗議デモで、ウイグルの国旗を目にすることも珍しくない。中国の漢民族（国民の九二パーセントを占める）の場合は事情がまったく異なる。国民のほとんどが政府と同じことを口にする。しかし、五〇年も前から一枚岩の独裁体制のもとで規制されてきた国で、人々が政府と異なる意見を持つことなどあり得るだろうか。彼らはチベットに関して常に同じプロパガンダを吹き込まれている。

ダライ・ラマを糾弾する中国人の声

中国ではすでに一九二〇年代から、国民党が作成した教科書で「チベットは常に『母国』の一部であった」と教えている。一九四九年の終わりに国民党が台湾に移ると、この言説は台湾でも広められた。今日、チベット人と台湾人は、共産主義中国は人権と民主主義を侵害している、という認識で意見の一致を見ることができるが、チベットの位置づけに関してはどうだろうか。

もちろん共産主義中国の教科書でも事情は同じである。中国で教育された中国人のほとんどが、行政当局によって抜かりなく検閲され、流された情報以外には情報源を持たない。インターネットの時代になった今日でもなお、中国人がチベットに関する非公式サイトにアクセスすることは不可能である。どのような検索エンジンに「チベット」とか「ダライ・ラマ」とか入力しても、見つかるのは政府のプロパガンダだけである。ヤフーもグーグルも中国市場に参入するため、躊躇うこともなく中国政府に屈従しているのだ！　他のすべての情報源も三万を超えるサイバー警察官によって選別されている。彼らは日夜働き続けて、ネット上から邪魔な情報をすべて除去し……「分離主義者」や「祖国の敵」と見なすネットユーザーを狩り出している。中国における人権やチベットの現状について、同胞に情報を与えようとしている人々が彼らの敵だ。こうして何百人もの「サイバー犯罪者」が投獄された。ラジオについても同様である。欧米の主要なラジオ番組が中国語で放送されているが、政府はその電波を妨害することに成功している。中国のマスメディアはすべて体制に忠実である。いかなるメディアも外国の通信社から発せられた情報を流す権利がない。

つまり、教育と情報にしっかりと南京錠がかけられているので、中国で暮らす中国人がチベット問題について自分の考えを持つことはあり得ないのだ。したがって、彼らは大学を含め学校で習ったことと、中国のマスメディアを通して一日中耳にしていることを繰り返すしかない。

それはチベットが昔からずっと中国に属しているということ、チベット人たちは一九五〇年に僧侶たちの束縛から解放され、貧困と無知から抜け出したということ、彼らは今日とても幸せで、恩恵をもたらした共産党に感謝しているということ、ダライ・ラマは鬼のような人で、獣の心を持ち、子どもたちの肉を食べていること（原文そのままの引用である！）、国を分裂させて昔の利権を取り戻そうとしているごく少数の「分離主義者の一味」のリーダーはダライ・ラマであること等である。中国人たちのブログはダライ・ラマに対する罵詈雑言で満ちている。とりわけ二〇〇八年三月の事件以降、中国のネットユーザーたちはダライ・ラマと欧米人たちが北京オリンピックを妨害しようとしたと非難し、怒りをぶちまけている。

私はヨーロッパ在住の教養のある中国人たちと、何度もチベット問題について議論する機会を得た。その度に驚かされたのは、彼らがダライ・ラマに敵意を抱いていることだった。チベットにおける人権問題に関しては、中国に住む中国人たちと比べて紋切り型ではない意見が聞かれたものの、チベットが中国の一部ではないということは認めようとしなかった。この点ではいかなる歴史的論証も彼らの心を動かすことはできず、彼らによれば、われわれ西洋人の教科書は、反中国の歴史家によって書かれたものだそうだ！　これらの議論を通して分かったことが二つある。一つは幼いときから受けてきたプロパガンダの威力である。もう一つは中国漢民族の強いナショナリズムである。国家主義の漢人にとってチベット問題は、不可侵の原則を揺るがしかねない問題なのだ。チベット問題で譲歩するとは、いずれは中国の分裂を受け入れること、「少数民族」――言い換えれば搾取された民族――に属している領土の六〇パーセントの喪失を認めることなのである。

反体制派知識人たちが奏でる不協和音

チベットの立場を支持しているのは反体制派の知識人だけである。自分たちが教え込まれたことをすべて批判の目で見直し、体制に立ち向かう勇気がある人たちだ。彼らは自治権を求めるダライ・ラマの非暴力の闘いを支持し、チベットとそれ以外の中国における人権の尊重を主張している。さらにまた、チベットの独立を歴史的必然として要求する人たちもいる。その代表例が、最も著名な反体制派の中国人で亡命生活を送っている魏京生、最近北京で実刑判決を受け、マスコミで大きく取り上げられた胡佳である。

二〇〇八年三月二二日、中国で暮らす三〇人の中国知識人が、国外の新聞雑誌に意見を発表するという果断な行動に出た。それはチベットの暴動に関する中国政府のスターリン的物言いを批判し、ダライ・ラマへの支持を表明したものである。以下に、インターネット新聞のサイト「Rue89.com」に掲載された声明の一部を紹介しよう。婉曲な言い回しながら大胆な意見を述べている。

「現在、中国の政府系メディアが繰り広げる一方的なプロパガンダは民族間の怨恨を煽り立て、現在の状況に端を発する緊張をいっそう高め、国家統一の保持という長期的目標を著しく損なっている。この種のプロパガンダをやめるよう、われわれは呼びかける。

平和を説くダライ・ラマの呼びかけをわれわれは支持し、善意に従い、平和と非暴力の原則に立って民族紛争を好ましい形で解決することを希望する。（中略）

チベット自治区の中国共産党指導者は『ダライは袈裟をまとった狼、人面獣心の悪魔である』と述べているが、こういった文革時代さながらの言辞は事態鎮静化の助けとならず、中国政府のイメージを損なうと考える。何としても国際社会にとけ込もうと努力している中国政府であれば、文明化された近代国家の政府にふさわしい振る舞いを示すべきだと考える。（中略）

われわれは、チベット族民衆の全員を対象にするような捜査や報復的措置を実施することがないよう、強く呼びかける。逮捕者の裁判は公開かつ公正で透明性のある司法手続きに則《のっと》って行われねばならない。さもないと、関係する各方面の納得は得られないだろう。

われわれは、人々の信頼を得ている国内外のメディアがチベット族居住地域で独自の調査、取材を行うことを中国政府が認めるよう強く促す。（中略）

国家の分裂を回避したいのであれば、何よりもまず民族間の分裂を避けねばならない。したがって、われわれは国家指導者がダライ・ラマと直接対話を行うよう呼びかける。漢族とチベット族が誤解を解き、交流を広げ、団結を実現することをわれわれは希望する。政府部門であれ、民間組織であれ宗教人であれ、誰もがこの目的に向けて努力すべきである」（全文と署名者のリストは参考資料3を参照）

この知識人たちの見解はじつに道理に適っており、欧米では共感をもって受け止められている。しかし幻想を抱いてはいけない。彼らの意見が検閲に引っかからなかったとしても、中国の世論の理解を得る可能性は少ないだろう。チベット問題の裏には別の問題が隠れているので尚更である。それは中国でいまだにタブー視されている人権問題である。

人権は普遍的なものか

人権を守る闘いは西洋人にとって、正当かつ必要不可欠な闘いである。現代の宗教色を排した民主的な価値体系は、この基本的人権をベースに成り立っているからである。われわれの社会は政治的、宗教的専制による権力の横暴を排除し、すべての人が法の前に平等であり、個人の自由（とくに所有、信教、表現の自由）が尊重される法治国家を築いてきた。個人の基本的権利というものが（それに加えて義務も）存在し、とくに個人の肉体と精神の安全を脅かしてはならないという考え方は、古代より多くの文明圏で存在していた。しかし、こういった権利がはっきりと主張されたのはようやく一八世紀の終わりになってからだ。西洋に広がった啓蒙主

自治区での抗議行動で連行された僧の掲示板（ダラムサラ）。
© Tomoko Suzuki 2009

義運動の時代である。最初が一七七六年のアメリカ合衆国独立宣言であり、次が一七八九年のフランスの人権宣言（人間と市民の権利宣言）である。この人権宣言は一七九一年の憲法草案の前文となった。そして無数の残虐行為が行われた第二次世界大戦の直後、国際連合が全世界の人権促進に決定的な役割を果たすことになる。こうして起草されたのが世界人権宣言で、一九四八年に国連で採択された。

　人権は今日、三つのタイプに分類されている。第一世代と言われる人権は、国家の専制から個人を守る権利で、おもに民事上の権利と参政権に関するものである。身体の自由（不法な逮捕拘禁、奴隷制度、拷問、性的虐待の禁止）、家庭内への権力介入禁止、宗教の自由、私有権、投票権、集会と表現の自由が挙げられる。第二世代の人権は、個人の自主的な社会参加と引き替えに、個人に対する国家の責務を求める権利である。それには労働、教育、健康への権利、ストライキと組合結成の権利が含まれる。そして最後に第三世代の人権は、グローバル化と急激な技術変革の脅威に直面して、三〇年ほど前から登場するようになった。発展および安全な環境への権利、生命倫理への配慮等がそれである。世界人権宣言は、その名が示す通り、普遍的であることを志向する。言い換えれば、あらゆる個々の文化的事情を超越して、自然と理性の原理に基づくことを大前提としている。出生地、性別、宗教のいかんにかかわらず、すべての人間が身体の安全を求める権利、自分の信念を自由に表現し、まともな生活をし、働き、教育と世話を受ける権利を有しているのだ。万人に照準を合わせたこの視点は、ヨーロッパの啓蒙思想の影響下で生まれたものなので、一部の国はここ三〇年、人権の普遍性についてかなり懐疑的な態度を示している。それはとくに植民地化の犠牲になったアジアとアフリカの国々に見られ、人権の普遍性を植民地主義と同一視する傾向がある。西洋は自分たちを政治的、経済的に支配した後、今度は価値観を強要するつもりなのかと。こうした国々は文化の多様性を根拠として、人権相対主義を主張している。人権は各国の伝統や文化によって異なるというのだ。こういう理屈も理解できなくはないが、ここで騙《だま》されてはいけない。それは権力者たちの独裁に都合がよいだけでなく、伝統の名でけしからぬ慣行の継続も許してしまう。たとえば、さまざまな形態の男性による女性支配（陰核切除、寡婦や姦通女性の私刑、父親や夫による監視）、未成年者の就労、児童売買、改宗禁止なども正当化することができるのだ。

アフリカやアジアの国々でも、文化相対主義に基づいたこの人権相対化に反対する政治家、知識人が少なくない。その筆頭に挙げられるのがダライ・ラマで、彼が繰り返し主張してきたのが「人権は、生きとし生けるものへの畏敬の念と慈悲を説く仏教と完全に一致する」ということである。法律と同等の力を持つものとしての人権の明文化は西洋で始まったが、ダライ・ラマに言わせれば、このことをもって全世界への人権思想普及を妨げてはならない。最良の政治体制と思われる民主主義は、チベットのためにも進んで採用されるべきである。ダライ・ラマが非難しているのは、主張していることを必ずしも実行していない欧米政府の態度である！まさしくそこに問題がある。民主主義国家が模範的であれば、人権の正当性は今とは比較にならないほど認められているはずだ。一つだけ最近の例を挙げると、イラク人やグアンタナモ基地の捕虜たちを虐待した米軍の行動（拷問、裁判抜きの処刑、強姦、侮辱）は、多くの国の人々に欧米の道義への信頼をすっかり失わせることになった。人権について説教している相手国の人々を欧米人が幻滅させてしまったのだ。アメリカとその同盟国が、民主主義をはじめとする価値の擁護と称してイラクに侵攻したことについて、欧米人全体が責めを負うのは仕方がないことだ。そして中国の人々もまた、西欧の植民地支配下にあった過去を忘れてはいない。この国が門戸開放を強いられ、大英帝国の権威を笠に着た人々による市場最大の麻薬取引の餌食となったのは、一九世紀のことだ（阿片戦争）。

今日の欧米社会は、行きすぎた個人主義という面でも非難を浴びかねない。公益を重んじる精神がほとんど失われてしまったため、社会の結束崩壊という問題が数多く生じている。しかし、個人の基本的権利の尊重は無視することができない既得権であり、その普遍性には何の綻《ほころ》びもないと私は思う。次になすべきことは、伝統（とくに宗教的伝統）がまだしっかり残っている文化圏に人権をうまく適応させる方法を見出すことである。それは容易なことではない。だが私はそれぞれの文化に、人権尊重の基盤が内在的に備わっていると確信している。二〇〇〇年前に孔子が唱えた「己の欲せざるところを人に施すことなかれ」という黄金律は、人類のあらゆる文明に形こそ違え、良識として根付いているのではないだろうか。

個人優先か集団優先か

中国はずっと以前から、自国の伝統尊重という名の下に、人権の普遍性を認めることを拒み続けている。この国が前面に押し出しているのは、「儒教文化は個人の自由より集団への奉仕を優先させる」というなかなか興味深い論理である。別の言い方をすれば、個人が集団に対して負っている義務は、集団が個人に対して負っている義務よりも多い。その結果、秩序、伝統、規則を重んじ、年長者や父親を敬うモラルが発達したのである。Ｑ3の項で詳しく説明したように、儒教道徳は中国人の考え方に深く影響している。それは共産主義者でも同じで、集団（家族、村、地方、国）の調和を保つために、全体の中に個人がバランスよく収まっていることが重要である。中国政府はこの道徳の名において、数えきれない人権侵害を行い、それを正当化している。思想犯に対する強制連行や強制労働、死刑、宗教活動の禁止、住民の強制移転、少数民族文化の抹殺等々である。要するに、優先すべき国家利益のためなら、妨げになる個人は犠牲になっても構わないということだ。そういう社会の枠組みの中では、オリンピックのために何十万もの中国人を立ち退かせることも、道義上、何ら問題にはならないのだ。

この論理には二つの大きな問題点がある。一つは、それが単なる口実にすぎないという点だ。実状を見れば、追求されているのは全体の利益ではなく、少数の特権階級の利益であることがよく分かるからである。この特権階級が何事をも辞さない覚悟でいるのは、権力の座に居続けるためである。真に全体の利益を考えるなら、チベットについて反体制派の知識人たちが力説していたように、「雪の国」に適用すべき政策はまったく違うものになるはずだ。二つ目の大きな問題点は儒教に関するものだ。たしかに儒教は個人に多くの義務を課し、個人が集団の利益のために尽くすよう促しているが、それだけではなく、すべての人に対する公正（義）と哀れみ（仁）の大切さも説いている。それがなければいかなる社会の調和もあり得ないのだ。ところでこの「義」と「仁」（強い意味での共感）は、専制、不正、党派心、拷問や残忍な行為——すべて、中国政府が行っていることだ——を禁じている。国の調和と社会の結束を失わせる行為だからである。

Q23　中国による圧政の犠牲者は他にもいるか？
Q24　中国の経済的成功は民主主義をもたらすか？

チベット民族の受難は言うまでもなく、中国政府の犠牲者を挙げれば切りがないほどだ。

中国は全体主義国家か

私がたいへん尊敬しているジャン゠リュック・ドムナックは、中国に関する傑出した専門家で、この章で述べる事実と分析の幾つかは彼の著述からの引用である。だが、あるラジオ番組で彼が述べた中国の全体主義に関する意見には、若干賛成しかねる部分があった。彼は中国を全体主義国家と呼ぶことには同意せず、その理由として、今日の中国は多様な世界観を認めていること、毛沢東時代の終焉以降、社会統制が緩和されてきたことを挙げている。

中国の市民社会を見るかぎりでは、この論拠はもっともだと思われる。実際、多種多様な風潮や行動様式が社会に浸透している。しかし政治レベルでは、個人に対する専制的抑圧は都市部で減少しているとはいえ、ハンナ・アーレントをはじめとする政治思想家たちが定めた全体主義の基準に中国は明らかに当てはまる。ミシェル・ヴィノックが要約するところによると、

「全体主義体制の特徴は一党独裁、国家の教義とプロパガンダ、民衆弾圧である」。それに加えて、古典的な独裁政治とは異なり、全体主義体制は思考の私的領域にまで立ち入り、あらゆる個人に絶対的なイデオロギーへの同意を強制する。そのイデオロギーに反する者は誰でも国家ないし民族の敵と見なされるのである。

中世の宗教裁判もまた全体主義イデオロギー（歴史上最初の一つ）に支配されていた。審問官が異端者の内的信仰を身体的暴力で改めさせようとしたからである。同様にナチス、スターリン、毛沢東が率いる体制も個人の内的思考をコントロールしようとしていた。中国の現体制が、若干の個人の自由（居所と仕事の選択）と市場経済の論理を受け入れているとはいえ、一党独裁主義によって機能していることは認めざるを得ない。それはいかなる反駁も許さず、国の情報をくまなく統制し、どんな形であれ社会的、政治的抗議行動は情け容赦なく鎮圧する。

さらにまた現体制は、個々人が異なった考え方をすることも禁じようとしている。それを顕著に表しているのがチベットの例だ。家に特定の書物やダライ・ラマの写真を隠し持つことを禁止したり、僧侶たちに「愛国再教育」の受講を強制したり、最も反抗的な人々には拷問や処刑を行うことまでしている。別の独裁体制を例に取ってみよう。たとえばイランの場合、公的自由は中国よりましとは言えないが、家では個々人が好きなように考え、好きなことをしている。具体的には、街ではベールを被っている若い娘たちも、自分がそうしたいと思うなら家でミニスカートをはいたり、化粧をしたり、セクシーな下着を身につけることができるし、ムッラー（イスラム教指導者）たちによる体制を批判することも可能だ。そういったことが黙認されている体制なのである。チベットの場合、内輪であっても体制に対して批判的な言葉を口にしたり、自分の部屋にダライ・ラマの写真やチベット国旗を置いたりする人は告発されたら間違いなく投獄されるだろう。それこそ「全体主義国家」という形容語がぴったり当てはまると私は思う。たしかに中国の全体主義は、世界への開放が進むにつれて徐々に弱まる傾向にあるし、国民の自由と平等への強い願望に抵抗し続けることが難しくなってきている。こういった意味論的議論がどうであれ、中国が今日なお世界最大の独裁国家であるということは誰にも否定できないだろう。

不当逮捕、拷問、労改

中国は国連の大部分の協定に署名しているにもかかわらず、人権侵害が後を絶たないため、国連ならびに主要なNGO団体（アムネスティ・インターナショナル、ヒューマン・ライツ・ウオッチ、国境なき記者団など）から指摘を受け続けている。公的自由の不在、メディアへの妨害についてはすでに十分言及したので、ここでは触れないことにする。不当逮捕はすさまじく多く、その理由は種々雑多で政治的なものだけではない。一つだけ具体的な数字を挙げると、体制のさまざまな犠牲者を弁護した五〇〇人以上の弁護士が、現在中国で刑務所に入れられているという。労改《ラオカイ》とは、強制労働と「労働による再教育」の紛れもない収容所で、そこでは普通犯の受刑者たちが反体制派知識人やチベットの僧侶たちと肩を並べており、各施設がフル回転で操業し続けている。ラオカイ・リサーチ・ファンデーション（労改基金会）によれば、目下ここで働いている人は四〇〇万から六〇〇〇万人に上るらしい。この無報酬の豊富な労働力を利用する体制に、彼らは最大の利益をもたらしているのだ。拷問については、公式には禁止されているにもかかわらず、警察署、刑務所、労改ではいまだに日常茶飯事である。同様に、ヒューマン・ライツ・イン・チャイナの報告によると、「政治的強迫観念」という勝手な診断で精神病院に収容されている反体制派の数も増大しているそうだ。

死刑と臓器売買

ＮＧＯの人道団体によって、死刑の大量執行が告発されている。公式な数字は何一つ発表されていないが、人道主義団体によれば、中国で処刑される人の数は毎年五〇〇〇人から八〇〇〇人に上ると推定されている（ということは、世界の全死刑執行数の三分の二が中国に集中していることになる）。さらに、訴訟手続きの不透明性が告発の対象になっており、無実の人々が致死注射で処刑される可能性も否定できない。政治犯の扱いは言わずもがなだ。たとえばチベット人のロブサン・トゥンドゥップは死者一名、負傷者数名を出した爆破テロ事件の容疑で、二〇〇三年一月二六日に処刑されたが、検察側からいかなる証拠開示もなかった不正極まりない裁判の結果であった。死刑執行数の多い理由として、NGOが挙げているのは年々増大している臓器売買である。つまり、賄賂を受け取った裁判官たちが、受刑者の貴重な臓器を転売することで私腹を肥やしているわけである。彼らにとって、被告が本当に罪を犯したかどうかは重要ではないのだ。北京はこういった汚職を断ち切る約束をしたが、事態は一向に変わっていない。

法律を無視しても咎められない行政と汚染血液のスキャンダル

また、中国の人々は行政当局の横暴な決定の犠牲にもなっている。国家レベルでも地方レベルでも行われているあらゆる種類の専横な決定（土地や建物の接収、不当解雇等）に対して、彼らにはまったく打つ手がない。たとえば、一九九〇年代に都市再開発大プロジェクトが始まってから、三五〇万を超える人々が住宅から強制退去させられた。その後彼らに与えられた住居は、大部分が退去前と同等の条件もしくは妥当な条件を満たすものではなかった。何万という訴えが行政当局に提出されているが、ほとんど常に無視されたままである。というのも、訴えられた側である当局が訴えを審査する仕組みだからだ。

こうした行政当局の独断専行や重大な誤りに対して、市民たちは結局いかなる防衛手段も見出せないでいる。中国でしばしば激しい暴動が起きるのはそのためである。数ある中でも、二〇〇〇年代初頭の一大スキャンダルは中国に衝撃を与えた。湖南省の何十万という農民がエイズウイルスに感染することになった事件である。この地区の貧しい人々は、自分たちの血を売って収入源にしていた。だが、血液採取が劣悪な衛生状態で行われていたため、エイズウイルス感染が途方もなく拡大することになった。ところが共産党当局は、この血液売買の首謀者であったにもかかわらず、まず問題を否認し、長い間ずっと何事もなかったかのように振る舞っていた。その後、これが人道上の悲劇として国内外でメディアに報道されたため、当局は血液売買を中止したが、被害者たちに対する治療と賠償はまったく行っていない。彼らは不可触民のように暮らしており、定期的に蜂起しては「せめて治療だけでも受けさせてくれ」と訴えている。この悲劇の責任者は全員が党の幹部であるが、彼らはいかなる処罰も受けなかっただけでなく、より責任の大きい地位に昇進した。これでは被害者たちの怒りが募るばかりである。

社会権の不在

少し前に言及した人権侵害は、大半が第一世代の人権である身体と精神の自由に関わるものだった。だがそれだけでなく、第二世代の人権もまったく同様に踏みにじられている。国際協定に署名はしているものの、中国には労働権なるものがほとんど存在しないか、故意に無視されている（およそ五社のうち四社の企業が労働契約に署名させず、好き勝手に解雇しているという）。労働災害はすさまじく多く（二〇〇五年に一二万七〇〇〇人が死亡）、賠償金も支払われない。出稼ぎ労働者たちは、奴隷と変わらないような粗悪な待遇に忍従しているのである。

健康への権利は、きわめて不安定なうえに後退する一方である。この部門への国の支出が大幅に削減されたこともあって、中国人の公衆衛生サービス利用率は、一九八一年には七一パーセントだったのが一九九三年には二一パーセントに減っている。大多数の中国人は治療を受けるお金がない。しかも、公衆衛生部門には汚職が蔓延していて、まともな治療をして欲しければ医者に金包みを渡さなければならない程だという。このようにして、毎年一〇〇万人を超える中国人が煙草による健康被害で、三〇万人がB型肝炎で死亡し、四〇〇〇万人が結核を患い、二億人以上が労働条件と関係のある慢性疾患にかかっている。

労働組合の結成と集会の自由も存在していない。たしかに、共産党が全面的に管理する公認の労組はいくつか存在している。しかし、ポーランドにおける自主管理労組「連帯」の顛末から学んで、鄧小平は独立労組の結成にはっきりと反対の意を表明した。労働組合はいつか反体制勢力になる可能性があるからである。現在、労働者を守る組合や団体を結成しようとしたために、何百人もの中国人が入獄している。労働者と農民を守るのが国是であるはずの国が抱えるパラドックスである。

経済革命から民主主義革命への変化は起こるか

一九八〇年代に自由主義経済の市場に参入して以来、中国経済が収めた成果にはただ目を見張るばかりである。経済成長率は年平均一〇パーセント近くあり、ここ三〇年足らずの間に、中国は低開発国から世界的経済大国へと変身した。今のところはアメリカ、日本、EUの後塵を拝しているが、ひとり当たりの国民総生産は一九七八年から九六年の間に四倍になり、経済全体が近代化している。中国の貿易収支は大幅な黒字で、それが巨額の外貨準備（二〇〇七年末に一兆五〇〇〇億ドル）の保有を可能にしている。

この明らかな経済的成功は、体制の民主化につながるだろうか。私はそう思う。一見したところ体制の安泰に寄与しているように思えるが、この急激な経済成長は二つの要因で体制を根本から揺るがすことになる。

まず、この経済革命によって約四億人の中国人が貧困から抜け出し、数千万人が真の富裕層になれたとしても、それは同時に国内社会の不平等を著しく拡大させた。都市部と農村部、豊かな沿岸地方とその他の地域、とくに西部地方との間で、格差が広がり続けている。富裕層と貧困層の差も開く一方である。総人口の一〇パーセントを占める富裕層が国の富の半分近くを握っており、そのうちの四四万人がユーロ換算での百万長者である（これはフランスより多い）。しかし一方では、八億人の中国人がいまだ不安定な生活を送っており、そのうちの三億人は一日一ドル以下でどうにか食いつないでいる状態である。

こういった不平等は、中国社会の結束にとって不安材料にならないわけがない。新富裕層の大半が国の支配階級の出であるだけに尚更である。経済を掌握し、大多数の中国企業を経営しているのは、現職の指導者あるいは引退した指導者の子息たちだ。この新特権階級は封建君主的で――それぞれが中央権力のお墨付きで領主として自分の領地に君臨している――民衆の心はどんどん彼らから離れている。そして資本の違法な海外流出が増え続けている。ここ数年で、汚職した八〇〇〇人の共産党幹部と四〇〇〇人の公務員が中国を離れたが、その際に約五〇〇億ドルを持ち出している。それに加えて、国民の社会権が十分に保障されず、繰り返される官僚の汚職事件に怒りを募らせていることを思えば、飛躍的経済発展の裏には中国の指導者たちを震え上がらせるような現実があることが分かる。

中国で今、最も苦しんでいるのは貧困層の人々、農民や労働者たちである。プロレタリアート独裁のイデオロギーに立脚した体制であるだけに、何度も繰り返すようだが、それではあんまりではないか！　北京大学の政治学教授である李暁光によれば、国民から中央官庁に寄せられる苦情や訴えは、毎年三〇〇〇万件を超えるそうだ。公安大臣である周永康が二〇〇六年に明らかにしたところでは、中国では二〇〇四年におよそ八万七〇〇〇件の暴動が起こり、この数は二〇〇二年と比べて二倍になったという。体制にとって恐るべき脅威は、天安門事件のような純粋に政治的な抗議行動より、こういった民衆蜂起の方かもしれない。一九八九年に天安門広場で行われた抗議デモには、国民のエリート層だけが参加していた。真の民衆革命あるいは相次ぐ暴動による体制の不安定化が、必ずしも民主主義をもたらすとは限らないだろう――混乱状態や新たな独裁が生じる場合もある――が、いずれにせよ一九四九年から国を統《す》べてきた共産主義体制の崩壊は、民主化に不可欠な前提条件なのである。

もう一つ、国の経済発展と無縁でないファクターが民主化に向けて大きな影響力をもつ可能性がある。それは一層の自由を希求している中産階級、ブルジョワ階級の台頭である。ジャン゠リュック・ドムナックは「消費者の存在感を強める結果となった昨今の激変によって、権力機関は個人の自由を認めざるを得なくなり、それが個人意識の発達へとつながった」と、的を射た説明をしている。彼はまた「すでに私的自由を与えてしまった個々人に、永久に公的自由を与えないでいるのは、どだい無理な話であろう」とも指摘している。経済革命は市民権を得るための予備教育、体制の民主化に向けてのメンタリティーの準備となり得るのか。そう期待しよう。

Q25　なぜ国際社会はチベット支持を強く打ち出せないのか？

冷戦による緊張状態にあった国際社会が、一九五〇年の中国によるチベット侵略を食い止められなかった理由については、すでに言及した（Q10―11の項）通りである。中国が国際レベルで勢力を拡大し、列強国と並ぶようになってからは、この国が「国内問題」と見なしていることにはどんな「口出し」もできなくなった。諸国家が一九五〇年に中国のチベット侵略を告発しなかった以上、その後で国際法を云々してこの問題を蒸し返すことも、中国にチベット民族の独立承認を要求することも不可能になっていたのだ。したがって国際社会は、もっぱらチベットに対する人権侵害を挙げて中国非難を繰り返してきた。

及び腰の糾弾

一九五九年のチベット蜂起とラサにおける大量虐殺以降、幾度となく討議が重ねられ、その度にさまざまな決議案が採択されてきた。一九五九年の総会決議一三五三（XIV）では、中国に対してチベットにおける人権、とくにチベットの人々の文化と生活様式を尊重するよう促した。しかしながら、中国の圧政は続けられ、亡命者の群れが数を増す一方であったため、国連から委託された調査団が亡命者たちのもとへ赴き、チベット人の状況一覧を作成した。この調査団を率いていたのは、ジュネーブ（スイス）に本部を置く国際法律家委員会の代表者たちである。その時の二つの報告書（一九五九年および六〇年）により、虐殺、拷問、裁判抜きの処刑、人権無視の実態が明らかにされた。それらの蛮行は中央チベットだけでなく、歴史的チベット（とりわけ四川省にあるカム地方）においても行われていた。国連は一九六一年、総会決議一七二三（XVI）で、ふたたび人種差別をやめるよう呼びかけ、人権を守ることが急務であると繰り返した。チベットに対する中国の政策を糾弾した三番目の決議は、一九六五年に提出された総会決議二〇七九（XX）である。その後、核保有国となり（一九六四年）、国連安全保障理事会常任理事国となった（七一年）中国を相手に、これらの決議はいずれも効果を上げることができなかった。その間に文化大革命が起こり、中国は火の海、血の海と化していた。

Q12―13の項で述べたように、その後は一九八七年のチベット蜂起をきっかけに、ようやく国際社会が反応を示した。主として欧州議会が中国の弾圧に「重大な懸念」を表明し（一〇月一四日）、それに続いて米国議会、ドイツ議会、イタリア議会などからチベットへのさまざまな支持表明がなされた。ダライ・ラマ一四世のノーベル平和賞受賞（一九八九年）後、チベット問題が国際的に広く知られたことが、支持を集める結果となったに違いない。そして国連のマイノリティー差別防止・保護小委員会が、一九九一年にチベット情勢に関する新たな決議案を可決した（総会決議一一九九一／一〇─XLIV）。中国にとっては我慢ならないことである。

困った問題

国際的な決定機関において、とりわけ国連では、チベット問題は古くからのタブーであると言っても過言ではない。二〇〇八年三月の激しい暴動弾圧の後でも、安全保障理事会から非難決議は出されなかった。クロード・ルヴァンソンが言っているように、チベットはまさに「困った問題」なのである。

この問題に手を焼いている中国当局は、それに触れられただけであの手この手の脅しをかけてくる。中国が無視できない交渉相手であるだけに、各国政府や国際機関は困惑させられるのである。それなら、中国当局を怒らせる危険を冒すより、道徳的原則を無視している方がいい。一流の経済大国となった中国の地位向上は、事態の解決には繋がらなかったわけである。世界の全貿易の一二パーセントを占め、世界各国の資本を集め、生産コストがきわめて安いことで一流企業から中小企業に至る多くの企業家の欲望をかきたてる中国である。諸国家と国際社会にとって、当面はチベットを犠牲にするのが得策なのである。

しかし、民族自決権を筆頭に国際法の基盤となっている基本原則は、誰が見ても明らかに破られているのだから、国際社会のこういった態度はそれを黙認することを意味し、他の独裁国の指導者たちに向かっても、われわれは卑怯で無力だというサインを送っていることにもなる。欧米社会の根幹をなす法律原理と人道主義の価値観を放棄することは、長い目で見ればきっと何の得にもならないだろう。

Q26 なぜ欧米世論はチベットの主張に同情的なのか？

各国政府や国際組織からチベットが受けている支持や支援は不足している一方、数多くの国の、なかでも欧米の世論はチベットに大きな共感を寄せており、その落差は激しい。国としての存続を図るチベットにとって、国際世論の支持のみが武器である。こうしたチベットへの共感を目の当たりすると一つ疑問が湧いてくる。なぜ、人口も少なく、はるかに遠い国のチベットの人々に対して国際世論がこれほどまでに同情的になり、手をこまねいているばかりの自国政府に抗議するような事態となるのだろうか？　中国の指導者たちは毎日これを自問しているに違いない！　今回のチベットにおけるデモの弾圧を命じた張慶黎（中国共産党チベット自治区書記）は二〇〇六年、シュピーゲル紙（独）のインタビューに答えて次のように語っている。「なぜダライ・ラマのような人物にノーベル賞を与えたのか、私は全く解せない。なぜこれほど多くの国が彼に関心を寄せるのか理解できない」

私は、チベットやチベット仏教に西洋人が関心を寄せる理由について長年考察を重ねてきた。ここでは、この問題を取り上げた自著（一九九九年出版の『仏教と西洋の出会い』と、ロラン・デエとの共著で二〇〇二年に出版された『チベットの波乱に満ちた歴史　神話と現実のあいだ』、ともにファイヤール社）の内容を要約する形で、引用を交えて自説を紹介してみよう。西洋のチベットに対する関心は昨日今日《きのうきょう》の話ではなく、三つの異なる要素に起因している。むろんのこと、人によっては複数の要素が重なり合ってチベットへの関心につながっているが。一つ目の要素は「チベット神話」であり、二番目は「ダライ・ラマの人柄と言説」、三つ目は「チベット仏教への関心」である。ここでは第一と第二の要素について考察してみよう。

チベット神話の誕生

世界の屋根、ほとんど到達不能な遠い国、外界から遮断され、風変わりな風習を持つ人々……チベットは好奇心とありとあらゆる夢を掻き立てる。中世以来、チベットはヨーロッパの旅行者にとって不思議な世界を巡る夢想のシンボルとなっていた。宣教師たちはキリスト教徒たちが隠れ住む王国を、商人たちは黄金と宝石を、神秘家は失われた知恵をチベットに求めた。西洋において、「不思議な国チベット」の神話は一九世紀以降急速に広まるが、そのルーツは中世に初めて東方を旅した者たちの手になる旅行記である。

遠いオリエントへと隊商の道をたどったフランシスコ会修道士ギヨーム・ド・リュブルクは一年近くの旅の末、一二五四年にチベットに着いた。彼はチベットについて「金が豊富で地面を浅く掘るだけで好きなだけ採取できる」と伝えた。半世紀後、ベネチア出身の旅行家マルコ・

ポーロはフビライ・カーンの宮廷でチベット人と出会ったらしく、その秘教的で不思議な宗教儀式、儀礼に強い印象を受け、次のように記している。「チベットには、他の地方では見られない優れた魔法使いや占星術師がいる。悪魔さながらに驚くべき魔術や摩訶不思議な技を繰り出すので、それを見聞きするのは驚くべき体験だ」

チベットの宗教とその僧侶たちの厚い信仰に西洋が魅了されるのもこの時代が嚆矢《こうし》である。チベット僧に言及した最初の西洋人であるギヨーム・ド・リュブルクはキリスト教僧侶との共通点が多いので驚いている。「私たちの国の聖職者を見ているような気がします。彼らは髪の毛と髭を剃っていて驚いています。女性との交わりを断ち、一〇〇～二〇〇人単位で修道院に暮らしています」。もうひとりのフランシスコ会修道士、ジョヴァンニ・ディ・モンテ・コルビーノはローマ法王クレメンス五世に宛てた手紙（一三〇六年）の中でチベットのラマについて次のように記している。「彼らはキリスト教の聖職者よりも峻厳であり、戒律の遵守についても同様です」

モンゴル人が打ち立てた帝国である元《げん》が崩壊した後、ヨーロッパ人旅行者にとってチベットへの道は何世紀も閉ざされることになり、そのために「遠いエデンの園」としてのチベット伝説がさらに醸成された。一七世紀になって大冒険旅行の末に再びチベットに足を踏み入れたのはカトリック宣教師たちであった。初めてダライ・ラマに言及し、ダライ・ラマがどのような崇拝の対象になっているかを伝えた西洋人は、オーストリア出身のヨハネス・グリューバーであろう。この時代の宣教師たちはチベットの宗教を「ラマイズム」と呼び、ラマイズムとカトリック信仰との驚くべき類似性に先輩たち同様に衝撃を受けた。そのため、ダライ・ラマは「アジアの法王」と、ラマイズムは「黄色い教会」と呼ばれた。ヨーロッパ人たちは、この驚くべき類似性の理由についてあれこれ考えた。最も広く受け入れられた仮説は「チベットはこれまで知られていなかった古いキリスト教王国であり、その宗教は時間とともに変質してしまった」というものであった。そのため、ローマ法王クレメンス一二世は一七三八年にダライ・ラマ七世に次のような文言の手紙を送り、キリスト教への回帰を促した。「あなた方の宗教は福音書の教義から隔たっていません。この教義のみが永遠の命の恵みへと導く唯一の道です。神の無限なる慈悲によって、いつの日かあなたたちはこのことを明白に理解するでしょう。その日が来ることを私たちは確信し、待ち望んでおります」

一九世紀になるとチベットへ西洋人が入ることは全面的に禁止される。チベット人たちが異国の影響を警戒したから、ということもあるが、周辺地域を支配していたロシア、清、イギリスが国境を閉ざしていたためでもある。これがかえってチベットに行きたいとの願望に火をつけ、あらゆる種類の夢想を掻き立てた。何十もの探検隊がチベット到達を試みたが惨めな結果に終わったり、悲劇的な幕切れを迎えたりした。信じられないほどの手練手管や苦労を経てチベットに到達することができた一握りのヨーロッパ人が書いた旅行記はベストセラーとなった。

そのうちの一つ、ユク神父の『韃靼《だったん》西蔵旅行記』（一八五〇）は直ちに一二か国語に翻訳された。チベット宗教を「偶像崇拝的」と断じているものの、宣教師である著者はチベットの人々の厚い信仰心に対する感動と称賛の気持ちを禁じえない。しかし、一九世紀の後半になるとラサに到達できる外国人は皆無となり、ラサは「禁じられた都」と呼ばれた。その数十年間に、チベットを「人類最後の聖地」とみなすオカルト的神話が広まった。

ロマン主義者たちの東洋

この新しい神話の台頭を理解するには、当時の西洋の状況を考えてみる必要がある。一七世紀以降、批判精神、科学、技術が力をつけて勢いを増す一方であった。ギリシャ・ローマの古代や中世から引き継がれてきた考え方の多くは旧弊とみなされ、キリスト教は大打撃を受けた。勝ち誇る科学の基準から見るとキリスト教の主たるドグマは「おとぎ話」であり、多くの教養人から距離を置かれるようになった。科学の躍進と並行して、世界は驚くべき速度で技術に席巻され、変質していった。しかし、このような大変動は強い反発を引き起こした。抵抗の狼煙《のろし》は、宗教や保守的政治勢力の側だけでなく、あまりにも物質的な考え方に批判的な知識人たちのサークルからも上がった。

ドイツ・ロマン主義は「息苦しい合理主義」に対する反発と、詩や伝説、芸術、象徴主義によって世界に潤いと夢を取り戻そうする思いから一九世紀初めに生まれた芸術運動である。ロマン主義者たちは、味気ない西洋精神に汚染されておらず、「人類原初の真実」が保たれている場所としてオリエントに関心を示した。機械主義と破壊的な物質主義に侵された西洋の対極として、彼らは神秘的で理想化された東洋を称えた。一八〇〇年、フリードリッヒ・フォン・シュレーゲルは「われわれは東洋にこそ至高のロマンチシズムを求めるべきである」と宣言した。ゲーテ、ヘルダー、ノヴァーリスなどのロマン主義者たちは、合理的な啓蒙主義に対抗するものとしてインド人の想像力と詩歌を挙げた。しかし、こうした夢の東洋はあまりにも美しすぎて現実とは乖離していた。数十年も経たないうちに、言語学、考古学、歴史、地理の研究が進み、ロマン主義者たちが称えた理想の東洋は幻であることが分かった。一九世紀の後半になると、東洋の夢の神秘は容赦なく引き剥がされてしまったのだ。これに拍車をかけたのは植民地主義であり、ヨーロッパ人は世界中のあらゆる土地、民族、文化を発見、研究、支配することになった。

秘教的チベット

しかしチベットは、神話の否定と植民地支配という二つの波に飲み込まれることを免れた。誰も訪れることができぬ秘境であるゆえに、人々はチベットに夢を抱き続けることができた。

そのため、一九世紀末の新ロマン主義者たち、すなわち秘密結社や秘教的神秘主義者たちのサークルにとってチベットはまさに「選ばれし土地」となった。一九世紀半ば以降になると科学と物質主義の絶え間ない進歩への反動がまたも起こり、宗教や魔術への回帰という大きな揺り戻しが始まった。キリスト教徒たちの間で多くの宗教的「目覚め」が起こる一方（米国ではモルモン教、キリスト再臨派、エホバの証人、福音派が台頭し、ヨーロッパのカトリック教徒の側では数多くの修道会が結成されるとともに、聖母マリアの出現が相次ぐ）、既成の宗教とは異なる宗教運動（ここでは「秘教的」と形容する）が生まれ、キリスト教の教理と科学的合理主義のどちらかを選ぶというのではなく、科学と精神性の融合を提唱した。

交霊術（死後の生まれ変わりを信じ、死者の霊との交流を実践）が猛烈な勢いで普及したのも、根は同じ現象である。ヨーロッパや米国では数え切れぬほどの知識人や芸術家が交霊術の熱心な信奉者となった。そのうちにはヴィクトル・ユゴー、アレクサンドル・デュマ、アーサー・コナン・ドイルが含まれる。一八七五年、ニューヨークでオルコット大尉とロシア出身の女霊媒師ヘレナ・ブラヴァツキーが最も大規模な秘教結社の一つ、神智学協会を結成した。協会の目的は、すべての歴史的宗教を凌駕する、世界の主要な哲学および宗教の源泉であった人類の「原初宗教」の追求である。神智学協会は、自分たちがこの原初の「宗教＝叡智」の最後の継承者である、秘伝は秘密裏に伝承される、と主張していた。その伝承方法は？　奥義を極めた偉大な「マスター」たちの声がテレパシーでヘレナ・ブラヴァツキーに直接教えを授けるのだ。では、「マスター」たちはどこに住んでいるのか？　チベットである！

チベットを聖地と定めたのは、理想をまずは手近なオリエントに求め、夢が破れればもっと遠隔地へと重心を移動させる、という常套手段の結果である。当初この重心はエジプトにあったが、エジプト近辺の植民地化が進み、オリエント文明の神秘性が薄れるに従ってペルシャへと移動し、次にはインドへと東進した。インドがダメになって残ったのはチベットである。未知の国であり、西洋の物質主義にまだ汚されてない。ゆえに、神智主義者たちに秘密の教義を授けてくれるのは「チベットの聖者たち」である、と考えられた。ヘレナ・ブラヴァツキーは既成宗教の聖職者たちを批判する一方で、チベットのラマたちを理想化し（ところが、ブラヴァツキー自身はひとりのラマとも会ったことがない）、人類原初の叡智の継承者に仕立て上げた。

ヨーロッパ女性第一号として一九二四年にラサに入ったと思われるアレクサンドラ・ダヴィッド＝ネールについてはすでに紹介済みであるが、チベット旅行記によって世界中で有名になる以前、彼女も神智学協会の会員であった。協会とは短期間で袂《たもと》を分かったが、チベットがなぜ一九世紀末の秘教的サークルにとって「選ばれし地」となったかについて説明しようと試みた。

「チベットの持つ磁力のような魅力をどのように説明したらよいだろうか？　隠者であるラ

マたちには加持祈祷の不思議な力がある、との評判が主な理由であることに疑いの余地はない。しかし、オカルトと超自然現象の聖地として他《ほか》ならずチベットが選ばれた理由は何であろうか。（中略）自分たちの暮らしを支配しているのは味気ない合理主義。愛着を感じていた空想世界を合理主義と相いれないとの理由で手放した人間は、空想が許される理想郷を見つけたいと切望した。切羽詰まった彼らは雲の中に庭園を、星よりも高い場所に楽園を思い描いた。しかし、自分たちの手の届くところ、すなわち人間の住む地上に夢想の住処《すみか》を見つけたいという思いは強かったに違いない。そしてチベットこそがその機会を与えてくれたのだ。伝説が描く理想郷の条件をすべて備えているからだ。チベットの風景はどの点から言っても、夢見がちな人々が神々や悪魔が棲む世界として思い描いた風景に勝っていた。そう言っても大げさではないだろう」

自身は否定するだろうが、このダヴィッド＝ネールも著作の中でチベットのラマたちが行うさまざまな秘術を感嘆の筆致で描いたことで、「不思議な国チベット」の神話の普及に手を貸してしまった。

「ヒマラヤ聖者の生活探求」と「チベットのイエス・キリスト」

神智学協会のもうひとりの会員がこの神話普及に決定的な役割を果たす。ベアード・スポールディングである。米国でスポールディングが一九二一年に出版した『ヒマラヤ聖者の生活探求』はたちまち前代未聞の大評判となった。この本によると、一九八四年にチベットに科学調査隊が派遣された。調査隊のメンバーはラサで人類の起源を記す神秘的な石板を守っている「偉大なラマ」に出会った。スポールディングの支離滅裂な話（最後に調査隊はオシリス、釈迦、イエス・キリスト、聖母マリアに出会う）は「イエス・キリストがインドで秘儀を授かった」とも述べている。この本に強い影響を与えたのは、一八九四年に出版され、これまた信じられないような大評判をとった『イエス・キリストの秘生涯』である。

『イエス・キリストの秘生涯』の著者はニコライ・ノトヴィッチというロシア人であり、出版の七年前、すなわち一八八七年にインドに旅した、と主張している。「インド滞在中、私は仏教徒たちと話す機会を多く持った。彼らがチベットについて語った話は私の好奇心をいたく刺激し、この未知の国を訪ねてみようと決意するに至った」。チベットに向かった著者はラダックに到着し、ひとりのチベット人僧侶と知り合いとなる。このラマが「イサ」という預言者について語ってくれた。チベット僧侶たちはイサを「キリスト教徒のダライ・ラマ」とみなしており、イサは拷問を受けて殺された、と伝えられている。この神秘に包まれた預言者の運命とイエス・キリストの運命とが似通っていることに衝撃を受けたノトヴィッチはラマにこの伝説の根拠を尋ねた。ラマによると、聖者イサが悲劇的な死を遂げた後に伝記がパーリ語で書かれてインドで保管されていた。やがて、この貴重な手書き古文書はラサに移され、チベット語に翻訳された。ノトヴィッチは、イサの名を自分が一度も耳にしたことがなかったのはなぜだろうか、と尋ねる。すると次のような答えがあった。「イサの名は仏教徒の間で大変重んじられています。ただし、知っているのは彼の生涯を記した巻物を読んだ高位のラマに限られています」。これを聞いたノトヴィッチは、チベット仏教の聖地ラサにおもむいて神秘の巻物を調べたい、との思いにとりつかれる。しかしラダックの首都であるレーから数キロ手前で彼は足を骨折し、ヘミス大僧院の僧侶たちに助けられて二か月にわたって手当てを受けた。ところが何という驚き、僧院長と会話していたところ、院長が「人の子のうち最良の存在であった聖者イサの生涯」の写本を持っていることが判明した。それから七年後に出版された『イエス・キリストの秘生涯』の中でノトヴィッチは、通訳がその場で翻訳してくれたイサ聖者伝を一字も余すところなく紹介している。聖者伝は二四四節からなる一四章構成である。これは第五の福音書であり、これまで知られていた四つの福音書の信憑性は覆《くつがえ》り、キリストの教えの根源が仏教にあることを証明している、と著者は高らかに宣言する！　この大発見を手にノトヴィッチはヨーロッパにおもむき、ロシア正教会とカトリック教会の権威たちに話をしたが、全員がこの「革命的」過ぎるイサ伝の出版を思いとどまるようにとノトヴィッチの説得にかかった。あるローマの枢機卿は、ノトヴィッチがイサ伝について口外しないなら大金をやろう、とさえ申し出た。

当然ながらノトヴィッチの本はたいへんな話題となった。秘教の話やチベット神話に飛びつきがちな、もしくはキリスト教の起源に関するセンセーショナルな発見譚に目がない一般大衆ばかりでなく、仏教を専門とする数多くの学者たちもが関心を寄せた。ノトヴィッチにとって残念なことに、こうした学者たちは一年も経たぬうちに彼の話の信憑性を粉砕し、真っ赤な嘘であることを証明した。

ノトヴィッチの主張に首をかしげたひとりは、インド在住の有名な東洋学者アーチボルド・ダグラス教授（イギリス人）であった。出版から一年経つか経たないうちに教授はヘミスの僧院に足を運び、詳細な調査を行った。教授が発表した非常に事細かな調査結果はノトヴィッチにとって容赦ない内容だった。ノトヴィッチがヘミスに滞在したのは数日に過ぎず、足の骨折の治療を僧院で受けた形跡もない。今の地位について一五年になる僧院長が「イサなる者について も、その生涯の記録についても見たことも聞いたこともない」と断言したのが決定的であった。ダグラス教授への回答文書には院長が自ら署名、押印している。院長はその中でノトヴィッチの主張をすべて否定し、「虚偽、虚偽、虚偽、虚偽以外の何物でもない」と述べている。ノトヴィッチによるチベット神秘化の試みは、一九世紀終わりの多くの欧米人にとってチベットがどのような存在であったかを示す好例としてそれなりの価値がある。チベット旅行は宗教の秘密の源泉を訪ねる巡礼とみなされていた。ネパールの場合と違って「雪の国」に行く人々が求めるのはスポーツとしての偉業（高山の登攀）ではなく、隠された知識、神秘的な新事実の発見である。チベット旅行は人類原初の智恵を探す探検である。ノトヴィッチは「イエス・キリストがチベットに滞在したことがある」とは明白には断言してはいないものの（ノトヴィッチ自身、イエス・キリストの時代のチベットには仏教が伝播していなかったことを知っていた）、イエス・キリストが仏教に入信したことを示す秘密文書がチベットに、正確に言えばラサのポタラ宮古文書館に保管されている、と述べている。この『イエス・キリストの秘生涯』を種本とする後の著作者たちの中にはノトヴィッチ以上に大胆になり、イエス・キリストはチベットに住んでいた、と主張する者すら現れた。

『第三の眼』から『タンタン　チベットをゆく』まで

一九二〇年代から四〇年代の間、チベットを覆う秘密のベールは徐々に取り除かれていった。アレクサンドラ・ダヴィッド゠ネールのようにチベットに到達して一定期間滞在した西洋人による見聞記が出版されたこともあるが、『ミラレパ伝』や有名な『バルド・トドゥル』（別名『死者の書』、パドマサンバヴァ著と伝えられ、一九二七年にチベット仏教僧カジ・ダワ・サムドゥプとエヴァンス゠ヴェンツ博士が英訳）といったチベット語聖典が翻訳されて欧米で大反響を呼んだこともこの傾向に拍車をかけた。『死者の書』は一〇〇ページほどの厚さだが、仏教に詳しくない者にとっては難解な内容である。にもかかわらず世界的な大反響を呼び、欧米ではユダヤ＝キリスト教以外の宗教書としてはコーラン、バガヴァッド・ギータ〔古代インドの聖典〕、易経〔占筮の書、儒教の五経の一つ〕と並ぶ売れ行きとなった。

こうしたチベット聖典や、より地味ではあるがチベットの文化や宗教に関する数多くの学術書の出版に並行して、一九二〇年代と一九五〇年代の間にはチベットにまつわる魔術や神秘のイメージを活かしたオカルト的なフィクションがブームとなった。秘教のチベットを舞台にしたこの手の物語は数限りなく出版されたが、それらに出てくるテーマをすべて巧みに取り込んで一冊にした手頃な厚さの本が一九五六年にロンドンで売り出され、二年も経たぬうちに世界的ベストセラーとなった。『第三の眼』である。話の舞台はチベットで、仏教やチベット文化に関するなかなかの知識が披瀝されている。「一九五〇年に中国がチベットを侵略した後にイギリスに亡命したチベットのラマ、ロブサン・ラムパの回想録」とうたっている。語り手は一九三〇年代のラサにおける自分の少年時代を平明で緻密な文体で想起し、七歳で僧院に入る前に占星術師たちから「波乱に満ちた運命と外国への亡命」を予言されたことを打ち明ける。僧になった後、ロブサンは医師となる教育を受け、数々の不思議な秘法を伝授される。例えば「星への旅」という秘法を使えば、「もうひとりの自分」が肉体から抜け出して宇宙の好きな所に行くことができる。また、「オーラの読み取り」は「第三の眼」によって相手の本当の考えを知る術である。なかなかよく書けた本であり、地理や歴史についての正確な記述もたっぷり入っているので、チベットに詳しい読者でさえ騙される可能性がある。イギリスでは一八か月で三〇万部も出る大ヒットとなり、短期間で一二か国語に翻訳され、出版されたどの国でも一般読者から熱狂的に歓迎された（フランスでは一年目だけで一〇万よりやや多い部数が売れた）。欧米を合計すると数年で何百万部も出た『第三の眼』は神智学の信奉者にとって新たな聖典となった。

本がこれだけ人気を博すると、出版社以外の誰も知らないロブサン・ラムパの正体を人々は知りたくてたまらなくなる。スコットランド・ヤード（ロンドン警視庁）は一九五七年一月、チベット人だと称する著者のもとを訪ね、実はイギリス人であることを発見する。名前はシリル・ホスキンで、外見のどこをとってもヨーロッパ人であり、チベットのパスポートや滞在許可証などを提示することはできなかった。ジャーナリストたちを振り切るようにホスキンはただちにアイルランドに逃れ、ついにはカナダに移住する。しかし、その後も同じような本を数多く出版し、数々の驚くべき秘術に長《た》けたチベットのラマたち（アトランティス大陸の生き残り）の神話を大衆の心に焼きつけた。その結果、一九六〇年代に亡命チベット僧の最初の波が西洋に達したとき、彼らは『第三の眼』の大勢の愛読者から熱狂的歓迎を受けた。読者たちは入信の秘義について好奇心をむき出しにし、どうやったら空中浮遊、オーラの読み取り、例の「星への旅」を習得できるかと亡命者たちに尋ねた。ロブサン・ラムパの物語は（虚偽ではあるが）チベット仏教の知名度向上に大いに貢献したことになる。本物のチベット人ラマたちはこれをどう思っているのだろうか？

一九八二年、二〇歳だった私は初めてチベット国境付近に旅行し、これを好機とダラムサラまで足を延ばしてチベット人亡命者たちを訪ねた。不思議な巡り合わせにより、私はダライ・ラマ一三世の弟子で、現ダライ・ラマ（一四世）を教育した二人の家庭教師のひとりであるリン・リンポチェ（オーストリア人のハラーとは異なり、リン・リンポチェ師は本当に現ダライ・ラマの家庭教師であった！）の庵《いおり》を訪ねて会うことができた。ほぼ完全な孤独の中で生きる威厳ある老人であったが、その時はすでに余命数か月であった。師は伝統的なチベットを誰よりもよく知っている生き字引きであった。彼の重々しく思慮に満ちた眼差しは私の記憶に深く刻み込まれている。当時の私は『第三の眼』を読んだばかりで、作者の詐術について何も知らなかった。私は真面目な質問の合間に、ロブサン・ラムパは実在の人物であったのか、彼の信じられないような話は本当であるかを尋ねた。「あれは作り話であり、作者はチベット人ではなくイギリス人であり、ラサには足を踏み入れたこともない」というのが答えであった。『第三の眼』の読者が亡命中の僧たちのもとを多数訪れ、秘儀の伝授を乞い願うことを老師は嘆かわしく思っていた。こうした人々は、エゴを消し去るのに役立つ仏教の基本的教えを学ぶのではなく、エゴを強める超人的な能力を獲得したがっているからだ。チベット人は夢想家で想像力が豊かであり、何でも信じてしまう傾向もある。しかしリン・リンポチェの『第三の眼』に対する態度を知り、私はチベット人が事実と虚偽を混同することを厳に慎んでいることを知った。

現在のダライ・ラマもリン・リンポチェと同じ考えであるようだ。インドで亡命生活を送るラマたちを一九六四年から一九六五年にかけて撮影するためダライ・ラマのもとを訪れたフランス人ジャーナリストのアルノー・デジャルダンから直接聞いた話だが、ダライ・ラマは欧米人に向けてのメッセージとしてデジャルダンに以下の二つの忠告を与えた。「チベット人とラマに対するあなた方の愛情がいかに大きくとも、中国人の悪口は決して言わないでください。また、あらゆる機会をとらえて、ロブサン・ラムパの『第三の眼』はドキュメンタリーではなく、西洋人である作者が考えた純粋なフィクションである、と声を大にして言ってください」

『第三の眼』から三年と少し後に出版された『タンタン　チベットをゆく』には、空中浮揚して幻視を得る僧侶、僧院の中庭で凧《たこ》揚げをして遊ぶ小坊主たちが登場し、ラムパの『第三の眼』の影響が多く見られる。助けを求めて僧院にやって来たミルー（タンタンの飼い犬〔英訳と和訳ではスノーウィー〕）に気づく若い僧侶の名前は「ロブサン」である！　エルジェ作のタンタン・シリーズの中でも傑作と目されるこのチベット編には、神智論者をはじめとするオカルト信奉者たちが好むテーマが含まれているものの、オカルト系とは異なるアプローチでチベットの詩的で印象深いイメージを喚起している。まず、この物語の主題は友情である。タンタンがチャンに抱く友情（タンタンはチャンを助けるために海を越え、山に登る）に加え、イエティ（雪男）がチャンに寄せる友情も重要な伏線となっている。読者はこの「恐ろしい雪男」に好感を抱くようになる。ここは、作者エルジェの腕の見せどころである。作品の最後で、雪男はチャンの命を救っただけでなく、チャンに心から親しみを感じていたことが分かる。作者は友情を描くことで、他者を受け入れて共感を抱くことの重要性を訴えている。自分とは異なる他者を恐れてはならない。たとえ外見がおどろおどろしく正視できないような相手であっても、愛や善といった徳を秘めているかもしれないからだ。

秘密のシャムバラ王国

すべての宗教は中心地を必要としている。ユダヤ＝キリスト教の伝統的「聖地」（エルサレム、ローマ）を拒絶した秘教結社は、すべての宗教と人類のすべての叡智を包容する神秘的な新たな中心地を見つけようとした。彼らが呼ぶところの「マスター」たちがひっそりと住む神秘的な場所として、世界の屋根と呼ばれ、到達することも難しく秘密のベールに覆われたチベットに勝るものがあったろうか？　類《たぐい》まれな超能力を持つと言われるラマほどオカルトの奥義に通じている者はいるだろうか？　神智学者であるアルフレッド・シネットは著作『密教』の中で次のように述べている。「世界各地に、レベルの異なるオカルト術者、さらにはオカルト教団が存在する。これらは、チベットを本拠地とする最大の教団と多くの共通点を持っている。しかし、われわれが行った研究の結果、チベット教団が最も優れており、他の教団からもそのように認知されている、と確信するに至った」

秘教信奉者たちはこうしてチベットを「世界の主軸」、人類の普遍的叡智がひそかに保存されている土地とみなし、「聖地」として祀り上げようとした。彼らが呼ぶところの「主軸」は「生き神（当時、西洋ではダライ・ラマをこのように呼んでいた）」の住むラサを通る。そして、この聖都の中心に位置するポタラ宮は主軸の最重要拠点となった。しかし一九二〇年代ともなると、チベット、なかでもラサに到達した西洋人の旅行記が数多く出版されるようになったこともあり、「侵しがたいチベット」や「禁じられた都」ラサの神話に罅《ひび》が入った。

「古代エジプトの僧侶やアトランティス大陸の生き残りが出入りするポタラ宮」、「人類の起源やイエス・キリストの本当の生涯を明かす途方もない価値の古文書で満ち溢れるダライ・ラマの図書館」を想像するのが日を追って難しくなってきたので、人々はこれまでよりも神秘的で秘密めいたチベットを思い描くようになった。決定的に侵しがたく、近づきがたいチベットである。要するに、肉眼では見えないチベット、秘儀に通じた者の目にしか見えないチベットである。ゆえに、俗世の探検家、地理学者、学者たちが世界の屋根の隅々を探索しようと、すべての僧院を調査しようと、彼らは決してこの秘密のチベットに触れることができない。隠されたチベットは人間の単なる好奇心に身を曝《さら》すことを拒否し、選ばれた者のみに姿を現す。

いつものことながら、この新しい伝説的チベットも夢のような王国としてイメージされた。しかし、この王国はもはや遠い谷間や地下の世界に隠れているのではない。チベットの中心のどこかに存在するのだ。だいたいの場所は分かっている。北部の高い山々の陰である。カルマの清らかな者だけが近づくことができる。こうして西洋人の間に新たなチベット神話が生まれたのは一九三〇年代であるが、多くのチベット人は一〇〇〇年もの昔から「自分たちの国どこかにシャムバラという幻の王国がある」と固く信じていた。これはチベットの人々にとって最もなじみ深い伝説の一つである。

伝説のシャムバラ王国は、チベット仏教の主要タントラ（経典）の一つであるカラチャクラに登場する。瞑想者は魂を浄化する努力により、俗人には扉を閉ざしたこの世の天国、浄福の国であるシャムバラ王国に到達することができる。カラチャクラ普及に重要な役割を果たしたのは一〇世紀末のインド人仏教僧チルパである。はじめにインドで広まったカラチャクラは一〇四〇年にチベットに伝えられた。その後に成立したチベットの伝承によると――ここから話は史実を離れて信仰の領域に入る——チルパはブッダから奥義を授かった直系弟子の何代目かである。

シャムバラ王国の伝説が西洋に伝えられるや否《いな》や、秘教的傾向の団体やその信奉者たちは当然のことだがこれに飛びついた。同時に小説家や映画製作者も刺激され、シャムバラ伝説をもとに宗教色を薄めた作品を生み出した。シャムバラ伝説を近代西洋の精神にあわせて脚色するのに一番優れた腕を発揮したのは、一九三三年に小説『失われた地平線』を発表したジェイムズ・ヒルトンであろう。この小説の登場人物たちは、タントラに基づく複雑な秘儀を経《へ》なくとも神秘のシャムバラ王国に到達する。ヒマラヤ山中での飛行機事故に遭遇した四人の英国人が不時着したのはなんと、到達不能のはずのシャムバラ。黄金であふれかえり、すべての人が幸福に生きる国である。シャングリラと呼ばれる王国最大の僧院の僧侶たちの庇護を受けた英国人たちは、数か月をかけて人生の真の価値を学び直す。この小説は世界的なベストセラーとなり、一九三七年にはフランク・キャプラによって映画化され、シャムバラ伝説は「シャングリラ」の名で何千万人もの欧米人に知られるようになった。今日でもシャムバラが欧米で知名度が高いのは相変わらずであり、チベット伝説が金になることを理解した中国政府は二〇〇二年一月「雲南省の西北に位置する中甸地方を香格里拉《シャングリラ》と改名する」と発表した。これは、ヒルトンが描いたシャングリラに似た場所を観光客誘致のために何年も前から物色していた雲南省当局の提案に基づき、中国政府が公式に下した決定である。なるほど、雪をいただく山々、チベット仏教の僧院、眼下には緑の谷間、とシャングリラに必要な条件はすべて整っている。

幻のシャムバラ王国はユートピアの定義にぴったりと当てはまる。ユートピアとはギリシャ語の「ない＋場所」を語源としてトーマス・モアが造った言葉であり、理想的な政府が幸福な国民を統治する空想の（どこにも存在しない）国を意味する。プラトンの「国家」からトマス・モアの「ユートピア」に至るまで、理想郷の描写は哲学の一ジャンルとして確立している。私たちにとって興味深いのは、チベットの姿が次第に明らかになってきた時期に、しかもチベットが唯物主義の強国（中国）に侵略された二〇世紀の半ばにユートピアとしてのシャムバラ伝説が欧米に広まっていった、という点である。目に見えるチベットの姿は無残に変わってしまったが、その隠れた姿は輝かしいままに残り、空想の最後の砦である幻のシャムバラ王国として私たちの憧れに応え続けている。

ダライ・ラマの叡智

欧米人がチベットに親近感を抱いているもう一つの大きな理由はダライ・ラマの人柄と発言である。そのカギは一九八九年である。この年の三月、ラサで起きた騒乱が流血のうちに鎮圧され、チベットに戒厳令が敷かれた。六月、中国政府は天安門広場に戦車を送り、学生たちの平和的な民主化運動を弾圧した。一一月、ベルリンの壁が崩壊し、ソビエト帝国と東欧における共産主義イデオロギーの終焉を告げた。一二月、ダライ・ラマはノーベル平和賞を授かる。ラサ騒乱と民主化運動の弾圧によって中国現体制の強圧的性格が暴露され、チベット問題は国際社会の注目を浴びた。ベルリンの壁崩壊は二〇世紀を支配していた政治イデオロギーの終焉を告げた。ノーベル平和賞によってダライ・ラマは同胞たちの苦しみを世界に訴える代弁者となると同時に、倫理的で人間味にあふれたその発言は多くの人の耳に達し、イデオロギー終焉が残した穴を埋める役割を絶妙なタイミングで果たした。

この二〇年間メディアの注目を浴びているダライ・ラマは、世界が認める道徳的権威のひとりとなった。最近実施された世論調査によると、ドイツにおけるダライ・ラマの人気はドイツ人である現ローマ法王を上回っている！　こうした人気の理由はダライ・ラマのたぐいまれな人格と、その発言にある。ダライ・ラマ一四世テンジン・ギャツォは一日を四時間の瞑想で始める僧侶である。思索にこれほどの時間を費やしている政治リーダーが他にいるだろうか。この一日も欠かさぬ修行はダライ・ラマに落ち着き、自己抑制、一種のオーラを与えており、ダライ・ラマに直接会って話す機会を得る者のみならず、何百万ものテレビ視聴者に感銘を与える。加えて、ユーモアもたっぷりで、常に謙遜の精神に満ちている。どんな問いにも自信たっぷりに答える宗教指導者を気取るのではなく、ダライ・ラマはしばしば「知りません、分かりません」と言う。

私自身、インドやフランスでダライ・ラマに会う機会を一〇回ほど得ている。論文やチベット史に関する本の執筆のための取材であったり、ラジオやテレビのインタビューであったり、ルルドやサヴォワ地方で開催される宗教間の対話集会の準備のためであった。三つの点が特に私に強い印象を与えた。第一は、存在感である（チベットの人々がなぜ彼をクンドゥン、すなわち「存在」と呼ぶのか理解できた）。ダライ・ラマと向かい合う人は、ダライ・ラマが発する穏やかで輝かしいパワーに驚かされる。側近や客たちの緊張感に影響されることはない。第二は、率直さである。気取らずに自分自身をさらけ出す。単刀直入であったり、心に浮かんだままを口や行動に出したり、疲れていたり、陽気であったり、悲しみや怒りを露わにすることもある。決して「ポーズを取る」ことはなく、自分のイメージ演出など眼中にない。私がこれまで会ったことがある有名な政治家や宗教家たちとは正反対である（例外はローマ法王ヨハネ・パウロ二世）。三番目は慈悲心である。ダライ・ラマからは深い思いやりの心が感じられる。ダライ・ラマの黒い瞳は、鋭さ、慎み、洞察力、遠慮が混じり合った視線を相手に投げかける。地位のある人物であろうと、無名の人であろうと、どのような話し相手にも等しく耳を傾ける。

普遍的倫理の伝道者

ダライ・ラマは早い時期から、欧米人のチベット仏教に対する関心にはいくつか曖昧な点があることに気付いていた。すべての苦しみを取り除いてくれる「救い」を人間の努力のみで手に入れようとする仏教には、やはり「幸福」を人間の努力のみで手に入れようとする近代西洋の考え方に通じるところがある。これこそ欧米における仏教ブームの一因であろう。しかしながら、仏陀の教えと近代人の心理とでは、観点が根本的に異なるのは否定しがたい。仏教によると、もう一度この世に生まれて来たいという願望も含め、すべての願望を捨て去る完全な無我に至る、長期間の克己と内的な禁欲を経《へ》ずして幸福を得ることは不可能だ。一方、近代欧米人は幸福を、個々人の潜在的可能性の全面的開花、個人の願望の充足ととらえている。こうした願望の中には、近代欧米の妄執である不老不死の夢も含まれる。すなわち、仏教によると幸福は自我を捨て去ることによって手に入るものであり、欧米では自己実現によって獲得されるものである。

一日の大半を瞑想に費やさぬ限り、近代の個人主義が骨の髄まで染みた欧米人が仏教のすべてを受け入れることは難しい。リュック・フェリもこの点をその著書『人間―神　人生の意味』の中で的確に指摘している。「われわれ（欧米人）が欲するのは愛すること、苦しまないことであり、われわれが日々なじんでいる個人主義の中で最も好ましい部分を残して仏教を少々取り入れて修正したいと思っている。これは不可能だ。僧侶でない者にとって、すなわち仏教を真剣に受け入れる者以外にとって、仏教が宗教的ダイエット以上の意味を持つことなどあり得るだろうか?」。あり得ないだろう。ニーチェも「仏教とキリスト教を混淆した緩《ゆる》やかな信仰を持ち、実生活においてはエピキュリアン（快楽主義者）のような生き方を実践する（一種の）ヨーロッパ流中国」の到来を「予言」していたではないか。

一九九〇年代の初めからダライ・ラマは欧米人の仏教への「改宗」の限界を感じ取り、改宗は多くの場合「有害」であると機会を捉えては説き、「仏教徒になる」ことを欲する欧米人を思いとどめようとしている。その一方、仏教の瞑想テクニックやある種の哲学的側面を欧米人が受け入れることについては否定しない。「より良い生き方」を見出す助けになりうる、と考えているからだ。ダライ・ラマはまた、数多くの著作やインタビューを通じて宗教的寛容、相互依存（因果応報）、慈愛、生命の尊重を主題とする分かりやすい言論を展開している。すなわち、ダライ・ラマのメッセージが反響を呼んでいるのはその優れた倫理性に負うところが大きいのだ。人々はそこに、人類が今日直面する諸問題（狂信的な宗教がはらむ危険、環境問題等々）に対する適切な答えがある、と感じている。こうした個人と人類全体の責任に訴えかける人間主義的倫理をダライ・ラマが説き始めたのは、最後の政治的ユートピアが崩壊した時期と一致している。「内面的革命」を説くダライ・ラマの考えはイデオロギーの廃墟となった欧米で反響を呼び、多くの人々はこれを普遍的価値に裏打ちされた非宗教的な新しい叡智と受け止めた。

ダライ・ラマが説くこの叡智は何百万人もの欧米人に感銘を与えた。彼らは「仏教に親近感」を抱くと公言し、事あるごとに仏教には「現代性」があると主張している。その一方、チベットの悲劇を伝え聞いた多くの人々は、「完全に清らかで平和的な」という理想化された伝統的チベットのイメージを膨らませ、「全体主義中国に対して精神と信仰の武器のみで対抗するチベット」に共感を寄せる。従って欧米にとってダライ・ラマは二重の意味を持つ。すなわち、ダライ・ラマは「ドグマに固まらず、西洋の科学的思考とも矛盾していない近代精神の持ち主であり、寛容を旨として、慈愛と責任を説く人物」として認識されている。同時に、「一〇〇〇年以上の歴史を持ちながら消滅の危機にあるチベットの代弁者、チベットの伝統を平和的な闘争で守ろうとしている人物」とも認識されている。それだけでない。天のお告げや神託を信じ、偉大な宗教指導者が死後に生まれ変わることを疑わず、不思議な力を持つラマの存在を信じる神秘の国チベットのシンボルでもあるのだ。つまり、多くの欧米人がチベットやチベット仏教に寄せる共感には近代的な視点に基づくものと、神秘に魅せられる気持ち、遠い国の神話的な古い伝統に対する思い入れとが混在している。

以上のように誤解や曖昧な点が多いとは言え、チベットの人々の要求は根拠のある要求であるし、チベット仏教は欧米社会に何らかの益をもたらしてくれる、と私は考える。ダライ・ラマは有意義な普遍的価値を説くだけでなく、人間の精神や内的側面に向ける洞察力に優れている。多くの科学者や心理学者が仏教の教え、なかでもラマの勤行に関心を寄せているのは偶然ではない。脳科学の第一人者であり、ダライ・ラマと共著で多くの本を残した故フランシスコ・バレーラは次のように語っている。「欧米人は自然現象の因果関係の研究で長足の進歩を遂げた。しかし、仏教の指導者たちは精神現象の知識においてわれわれをはるかに凌駕している」。研究室における実験で得られる知識も大切であるが、チベット仏教が教える「自己を知るためのメソッド」や「精神や感情をコントロールする方法」は、ストレスに悩まされ、自分の感情を抑えることができず、心の平穏を求めている欧米人にとって有益であろう。ダライ・ラマが「内面的革命」の必要性を説くのは、科学、社会正義、人権擁護、民主主義の分野で決定的な進歩を遂げたものの、個々人が自分自身や他人との間に真に平穏な関係を築くためのヒントを、ましてや具体的な方策を持っていない欧米社会の欠陥に気付いているからである。欧米においてチベット仏教への関心が高まった一番の理由もここにあるのだろう。

Q27　チベットはどうなる？
Q28　何をするべきか？

ダライ・ラマが求める中国との対話は国際世論の後押しを得てオリンピック開催前に再開したがまたしても成果はゼロで、二〇〇八年一〇月以来暗礁に乗り上げている。なお、二〇〇二年以来ダライ・ラマの使節団と中国政府代表との間に六回もの会談が行われたが、建設的な結果は何一つ生まれなかった。オリンピック前夜に対話を受け入れた中国政府の狙いは二つあった。まず、五月初めにダライ・ラマの使者たちと会談すれば、民族間の融和を目的に掲げるオリンピックの前夜に盛り上がった国際的緊張、中国に対する反感を緩和することができる。その一方で、会談の決裂は目に見えており――民主化要求運動が燎原《りょうげん》の火のように広がるのを恐れる中国は、ダライ・ラマが求める高度な自治の要求を決して受け入れない――中国政府は「決裂の責任はチベット分離独立を狙うダライ・ラマ一味にある」と喧伝しようと思ったからだ（事実、二〇〇八年秋に北京はそう主張して対話を打ち切った）。この推測が正しいことは、ダライ・ラマの使節団と中国政府の代表による深圳での第一回会談を伝える中国の新聞記事で明らかだ。以下は新華社電の一節である。「中国の中央政府は一連の接触と会談を行うための条件を整えることで、ダライ・ラマ側が実効性のある措置を取ることを期待していた。すなわち、中国の分裂を狙った活動の停止、陰謀による暴力の助長の停止、北京オリンピックの混乱と破壊の停止に向けた措置である」

二〇〇八年の北京オリンピックによって、チベットの悲劇的な状況に国際社会の注目が集まった。それだけでも小さいながら進歩である。しかし、いまだに何も解決していない。それどころか、二〇〇八年三月以来状況は悪化しており、中国軍はこれまでにないほどチベット全土でプレゼンスを強めている。結局のところ、チベットの人々にとって受け入れ可能な唯一の打開策は中国の体制の変化待ちということになる。民主革命（もしくは体制の民主的改革）が起これば、チベット人だけでなく他の少数民族は望んでいた文化面での自治、人権尊重、さらには全面的もしくは部分的な独立を回復して、民主的な手続きで国政担当者たちを選び、一定の分野（防衛、経済）で中国と緊密なパートナーシップを築くことになろう。

はっきり言っておこう。すでに説明したように、政治的現実を理解しているダライ・ラマは自治しか要求していない。しかし、チベットの人々の圧倒的大多数は――チベット域内に住んでいる人も、亡命している人も――独立を望んでいる。受ける弾圧が厳しければ厳しいほど、チベット人の愛国主義は先鋭になる。チベットでは現在、中国人民解放軍が侵攻する以前の六〇年前よりも愛国心が高まっている。過去のチベット人たちは絶えず内紛を繰り返していて、東部のチベット人は中央チベットに帰属することを好ましく思っていなかった。ところが、今日のチベット人は全員結束している。その理由は一つ。自分たちの自由、伝統、言語を回復して、中国のくびきから自由になりたい、との思いで結ばれているのだ。中国政府はこのことをよく分かっており、少しでも自治権を与えたらチベット人は独立を求めて要求をエスカレートさせるのでは、と用心している。中国当局は出口のない全面的弾圧政策を採り、力でチベットを永久に支配するほかないと思っているのだ。

中国政府はダライ・ラマが提供しているまたとない好機をとり逃している。ダライ・ラマただひとりがチベット人の怒りや完全な独立に対する要求を抑えることができるからだ。ダライ・ラマがチベットに帰還し、自由な選挙が行われ、弾圧がやんだら、チベットの人々は中華人民共和国の枠内で尊厳をもって生きてゆくことができる。チベットのリーダーという正統性とカリスマ性を併せ持つダライ・ラマは、チベット領内に住む中国人に対する報復を阻止できるだろうし、中国人とチベット人のコミュニティーの共存を可能にするためにあらゆる手を尽くすことだろう。もし中国政府が現ダライ・ラマとの交渉を拒否して、彼の死をひたすら待っているとしたら、より過激になったチベット人を相手にすることになろう。

一九五六年、毛沢東の同志だった周恩来はインドのネルー首相に「チベットを共産主義に改宗させるには一世紀かかるだろう」と打ち明けている。中国によるチベット侵略から約六〇年経った今、共産主義はチベットに根付いていないばかりか、苦しむチベット人は自分たちの新たな支配者への対抗上、結束を強めている。彼らの抵抗は驚くべきものだ。彼らを服従させようとする中国共産党の試みはことごとく失敗した。暴力、プロパガンダ、近代化、どのような手も通じなかった。チベットの人々は自分たちのアイデンティティーを変えること、自分たちの文化を失うこと、外国人たちに支配されることを望んでいない。今から四〇年後もこの状況は変わらないだろう。チベットの人々は抵抗が困難だと分かっていながら、宗教を核に一致団結している。これは、中国共産党にとって誤算であった。これまで見てきたように、仏教はチベット民衆の集団的アイデンティティーの中心であるばかりでなく、その精神を強固にしている。肉体を打ち砕き支配するよりも、心を打ち砕き支配する方が難しいのだ。

中華人民共和国の建国者たちが考えた以上に、仏教はチベット人にとって抵抗の糧となった。チベット人の心を抹殺することができなかった以上、中国政府に残った手だては集中的な植民化で彼らの心を埋没させることしかない。チベットの中国人人口がチベット人人口の一〇倍、一〇〇倍になればチベット人の心は希薄化してしまう。チベット人は居留区に追いやられ、観光客の見世物になる。これはあり得るシナリオだ。しかしながら前世紀の歴史をみれば、植民地政策は長期的にみて民族の独立志向を抑えつけられないことは明らかだ。中国によるチベット植民化政策はこれからも多くの時間と費用を必要とし、弾圧の強化も避けられない。しかし、世界がグローバル化し、各民族に裁量権が認められ、人権に対する意識が広まっている現在、そのようなことが許されてよいのだろうか？　チベット民族が生き残れるかどうかは時間との競争であり、われわれはこの競争の観客であると同時に関係者でもある。何十年か経った後、チベット民族は自由を勝ち得ているのだろうか。それとも、アメリカ先住民のように細々としたグループとしてのみ存在し、われわれはその悲しい運命に同情しているのだろうか。

エピローグ

中国の権力者たちは昔から自分たちの今現在の都合に合わせて歴史を書き換える技術に長《た》けていた。「中国においては、未来を知ることは過去を知るのと同じくらいに複雑微妙だ」という言い回しがあるくらいだ。中国共産党のプロパガンダ――このプロパガンダは中国国民に浸透しているのみならず、歴史的事実に無頓着で、虚偽の公式見解を受け入れた方が好都合と考える欧米のビジネスマンや政治家にも浸透している――に対抗するチベット人たちが手にする唯一の武器は真実の力だ。チベット人は中国人ではない。彼らは過去においても中国人であったことはないし、中国人の支配下で生き続けることを望んでいない。大砲を向ける相手に対して、チベット人は真実を盾にしている。ダライ・ラマも次のように語っている。「真実は時として非力と思われても、時間を経ても変わらない。武器の力は即効性があって強烈、圧倒的であるが、時間とともに弱まることがある。真実は弱いが不変である。弱いが永遠であり、時として少しずつ力を増すことがある。これは、まさにチベットに当てはまる」

人間の真実にも同じことが言える。人間の真の姿は必ず明らかになるものだ。中国政府は何十年も前からダライ・ラマを怪物、嘘つき、策略家だと非難して、こうしたイメージを浸透させようとしている。イデオロギーもしくは経済的な理由で中国寄りの立場をとっている欧米の政治家たちはこの点でも、中国の主張を喜んで鵜呑《うの》みにしている。ダライ・ラマの誠実を疑い、「寛容、慈愛、非暴力を説くのは欧米向けのポーズである」と考える者さえいる。ダライ・ラマの言論でわれわれを強く印象づけるのは、われわれが慣れ親しんでいる一神教につきものの「勧誘」がない点だ。ユダヤ教徒、キリスト教徒、イスラム教徒と対話する時、ダライ・ラマは「仏教に改宗しないでください。ご自身の宗教にとどまってください」と言う。これは、欧米人を魅了するための表向きの言論なのだろうか？　私はこの手の批判をよく耳にしたし、チベット仏教への勧誘に熱心なラマに接したこともあって、ダライ・ラマは心底そのように考えているのだろうかと自問することもあった。そこで、この本の最後に自分自身で見聞きしたエピソードを紹介しようと思う。すでに述べたように、私はダライ・ラマに会う機会を多く得ている。しかし、公式訪問でメディアを前にして語る言葉から真の人となりを判断するのは難しい。だが私はメディア不在の状況で、ダライ・ラマの寛容と慈愛に偽りがないことを示すある出来事にひとりの友とともに間近に接することができた。

心に残る思い出

二〇〇一年四月二〇日にダラムサラでダライ・ラマと会った時のことだった。ダラムサラは、チベット亡命政府が置かれているインドの小さな町である。私は一冊の本（『チベットの波乱に満ちた歴史　神話と現実のあいだ』）を執筆中で、チベット現代史の最も錯綜した部分についてダライ・ラマに質問するために再度ダラムサラに足を運んだ。共著者である友人、ロラン・デエも同行していた。ダライ・ラマはいつもの通り、ユーモアに富み、温かく、歯に衣を着せぬ話しぶりであった。どんな質問にも正面から答え、大変デリケートな質問を投げかけても気分を害することなど一度もなかった。私たち二人は大いに感激してダライ・ラマのもとを辞した。しかし、もっと感動的な出来事はその後に起こった。

会見の前日、私たちは宿でサイモンというイギリス人と知り合いになっていた。サイモンは一〇歳の息子、ジャックと一緒だった。サイモンの妻は一年前に亡くなっていた。長い闘病生活と苦痛の末の死だった。容易に想像できる通り、伴侶を亡くしたサイモンが抱える問題は数多かったが、そのうちの一つは非常に特殊であった。母亡き後に初めて迎えるジャックの誕生日をどのように祝うか、という問題である。考えあぐねたサイモンはジャックに「どうしたら嬉しい？」と尋ねた。答えは父親を驚かせた。ジャックは「ダライ・ラマに会いたい！」と言ったのだ。サイモンがダライ・ラマの事務局に電子メールを送ったところ、大変驚いたことにダライ・ラマの個人秘書から返事が届いた。五分間親子の訪問を受け入れ、祝福を与える用意がある、との内容だった。しかも、「ジャックの誕生日ではなくその翌日でないと都合がつかないので申し訳ない」というダライ・ラマの言葉が添えられていた。父子は大喜びした。

　ダライ・ラマのバンガローを辞した私たち二人は、次に面会することになっていたサイモンとジャックとすれ違った。私はあの時のことをはっきりと覚えている。私が振り返って見ると、ダライ・ラマは私たちを温かく見送って手を振っていた。同時に、ダライ・ラマに面会するために客間に入ってゆく親子の姿も見えた。私たちは親子がすぐに宿に戻ってくるものと思っていた。しかし、彼らが心底魂《しんそこ》を揺さぶられた様子で帰ってきたのはだいぶ経ってからだった。面会は二時間以上に及び、ジャックは肩に大きなプラスチックの筒を担いでいた。以下は、サイモンの話である。「私はまず、ダライ・ラマに妻が死んだことを語り、泣き出してしまいました。するとダライ・ラマは私を腕に抱きとり、ジャックも引き寄せて自身も涙を流し、涙にくれる私たち親子と悲しみを共にしてくれました。次に、私がどの宗教を信仰しているか尋ねました。私は自分がユダヤ系であることを話し、触れたくなくて頭の片隅に追いやっていた一族のアウシュビッツ収容所体験についても明かしました。深い傷が口を開け、抑えられない感情がこみあげてきた私はまたも泣き出しました。ダライ・ラマは再び私を抱きしめてくれました。ダライ・ラマが流した慈愛の涙が私を濡らしました。私とともに、私と同じくらいに泣いてくれたのです。私は長い間ダライ・ラマの腕に抱かれていました。次に私は自分の信仰体験について語りました。ユダヤ教には興味を持てなかったこと、福音書を読んでイエス・キリストと出会ったこと、二〇年前にキリスト教に改宗したのは私の人生に大きな光が射すような体験だったことを。しかし英国国教会ではイエス・キリストの力強いメッセージが感じられずに失望し、次第に教会から遠ざかっていったこと、生きる上で私を導いてくれる信仰を私が心から必要としていること、チベット仏教に私が関心を抱いていることを。

するると、ダライ・ラマはダラムサラのある店で私たちが買ったばかりの三枚のタンカ（チベット仏画）に目を留めました。ジャックが誕生日のお祝いとしてダライ・ラマの祝福を受けたい、と持ってきたのです。ダライ・ラマは『ノー・グッド！』と言って三枚を押しやりました。この反応に私は呆れ驚き、ジャックは苦痛と嫌悪に満ちた眼差しを向けました。ダライ・ラマは侍僧に何事かを命じました。退席したこの僧は大きな巻物を持って戻ってきました。きらびやかな錦織の絹地に仏を描いた見事なタンカでした。ジャックは信じられない面持ちでしたが、ダライ・ラマが錦織の下縁の飾り枠に献辞を書き始めると『待ってください』と止め、映画の題名のように『クンドゥン』と署名するようにお願いしました。ダライ・ラマはからからと笑い、草書体のチベット文字とアルファベットで『ジャックへ　クンドゥン、ダライ・ラマ・テンジン・ギャツォより』と記し、日付を入れてくれました。

息子の目が幸福に輝くのを見て、私は感謝の気持ちをどう表したらよいか思案にくれました。そこで、妻が息を引き取る前に私に預けた十字架を差し上げよう、と考えました。なぜこの十字架を献上したいと思ったのかを説明しているうちに私は再び泣き出してしまいました。するとダライ・ラマは私たち親子をまたも抱きしめ、涙を流しました。その場にいた全員、ダライ・ラマの通訳、個人秘書、侍僧の目にも涙が宿っていました。次にダライ・ラマはしばし沈黙を保った後、秘書の方を向いて何事かをチベット語で命じました。秘書は部屋を出て、聖母マリアを中央に描いたギリシャ正教会の小さな三連祭壇画を手にすぐ戻ってきました。私はただただ驚いていました。ダライ・ラマは『十字架はあなたたち親子にとってとても重要なものだから』と言って受け取りを辞退し、『ブッダは私の道、キリストはあなたの道』と言って三連祭壇画を私にくれたのです。深い喜びの涙が私の目からあふれました。二〇年前にキリスト教に改宗した時に感じていたキリストに対する大きな愛を突然取り戻したからです。自分がこれまでもずっとキリスト教徒であったことに気付きました。仏教の瞑想に救いを求めていたのですが、キリスト以上に私を揺り動かす存在はなかったのです。ほんの二時間の間でダライ・ラマは本当の私を取り戻してくれ、あんなにも深かった傷を癒してくれたのです。退出する前にダライ・ラマはジャックに『ジャック、私は近いうちにイギリスに行く予定なのだよ。もし君が良ければまた会いたいね。手紙を書いておくれ、メールでもいいよ。クンドゥンは君に返事を書くからね！』と声をかけてくれました」

サイモンがこの驚くべき体験を語っている間、彼の目は最初から最後まで涙で濡れていた。

ジャックの誕生日、妻の死、信仰の迷い、こうしたすべてに対する答えが見つかったのだ。話を聞いていた私たち二人の目にも一度ならず涙がこみ上げてきた。傍《かたわ》らのジャックは、自分の宝物が入ったプラスチックの筒を誇らしげに抱きしめていた。

サイモン親子とダライ・ラマの会見は観客もカメラもない場所で行われた。まったく無名であるこの親子と二時間過ごすことはダライ・ラマにとって何らの実利に結びつかないし、このような寛容と慈悲を二人に示すふりをする理由など皆無である。ダライ・ラマは誠実で善良な人柄をそのままさらけだしたのだ。こうした人物を交渉当事者にしてこそ、中国人とチベット人の間の新たな悲劇を回避する平和的解決策を見出し、チベットの将来を切り開くことができるのだ。しかし事を急ぐ必要がある。中国に圧力をかけるために民主主義国家はあらゆる政治的、経済的影響力を行使しなければならない。これは儚《はかな》い願いかもしれない。しかし、この問題はチベット人だけでなく私たちの問題でもあるのだ。チベットの人々にとっては民族存亡の問題だ。そして、「個人や民族が自らの将来を決める自由は、権力や金よりも崇高な価値だ」と考えるすべての人にとって、チベットの現状を傍観することは自らの名誉を失うことを意味する。

参考資料

1　ダライ・ラマ一三世の遺言（解説と遺言抜粋）

背景

一九三二年二月初旬、チベット新年の祭事がたけなわとなった頃、国事に関わる神託を告げるネチュン神託官が「ダライ・ラマの生命が危険にさらされている」と警告を発した。一連の宗教儀式が執り行われた後、政府の要人たちはダライ・ラマに助言を求めた。ダライ・ラマに力を貸すために何をしたら良いか知りたかったからだ。ほどなくして、「偉大な一三世」は欧米で「ダライ・ラマの遺言」の名で知られている長い文書をしたためた。

要約と抜粋

ダライ・ラマ一三世は冒頭で、神託官や師僧たちの預言をもとに伝統的な手続きを経て自分が転生者として発見された経緯を振り返っている。次に、「卓越した師たち」の温かな指導を得ての修行、少年僧としての誓願から最終的な授戒に至るまでについても短く触れる。「私は来る日も来る日も、来る年も来る年も、私の精神がこの膨大な教えで満たされるまで教学習得に心身を捧げて熱心に取り組んだ」と一三世は語る。

「一八歳になった時、未熟な私に対して政教双方の国家指導者となるよう要請があった。自分にはこうした責任を引き受けるだけの能力がないと考えたが、政界と宗教界の指導者たちが異口同音に就任を求めるうえ、中国皇帝からも是非にと促され、私には承諾以外の選択肢は残されていないと感じた。以降、私は自分個人の幸福や解脱を目指す思いを捨て去り、わが国の宗教、社会、政治の安寧のために日夜働く、というより困難な仕事を引き受けた。その責任は並大抵ではなく、私の心に重くのしかかった」

（中略）次にダライ・ラマは、政治家として対処を迫られた様々な出来事を回顧する。その一つが一九〇四年のイギリスによる侵略である。チベットの門戸開放という英国の要求を呑めばこの侵略は回避できたかもしれないが、「受け入れれば、（チベットの）主権と独立を危険にさらす可能性があった」と述懐している。また、「われわれは水女丑年（一九一三）から現在の水男申年（一九三二）に至るまで一貫して、外国から一切の干渉を受けることなく国を統治してきた」とも振り返る。

そして、いよいよトゥプテン・ギャツォが預言者の口調で助言を与えるくだりとなる。「今や私も老齢の域に達し、政教両面の指導者としての責務を離れたいと願っている。私は人生の残りを瞑想に捧げ、来世のことを考えたいと思う。これは、私たちの誰もが老年期を迎えた時に成すべき務めである。

残念ながら、これは私に許されない贅沢であるようだ。また、私に信頼を寄せた仏教の守護者たちと瞑想の神仏を辱める勇気も私にはない。加えて、すべての権力を返上する決意を固めてお許しを得ようと師たちのもとを訪ねたところ、翻意するようにと説得された。それだけではない。チベット国民の大多数は現在のところ私ただひとりに信頼を置いていると思われ、考えを変えて国の指導者としてとどまるように私に懇願した。したがって、私には留任するほか選択肢がない。

いずれにせよ、私は近々五八歳となり、国に奉仕するために私に残された時間はもはや多くはない。すべての者はこの点を理解せねばならず、私亡きあとに『自分が何をすべきか』について各人は今から自問して欲しい。私がこの世を去ってから次の転生者が統治者となるまでの間、皆は自分たちで国の安寧を図らねばならないからだ。

われわれにとって最も強大な隣人はインドと中国である。どちらの国も強大な軍隊を持っている。ゆえにわれわれは、この二国と良好な関係を保つように努力すべきである。また、わが国と国境を接する数々の小国もかなりの軍事力を持っている。だから、訓練が行き届いた若い兵士からなる効率良い軍隊を備えることはわが国にとって非常に重要である。今や、争いや対立が人間界を織り成す横糸となり、世界は退化の趨勢を辿っていると思われる。暴力の大波に対して自らの身を守る準備をしなければ、われわれが生き延びるチャンスはほとんどない。

とりわけ、至るところに恐怖と破壊の種を蒔く赤い蛮人ども（共産主義者）からわが身を守らなければならない。彼らは最悪のなかでも最悪の存在である。彼らはすでにモンゴルのほぼ全土を戦火と流血で覆い、国を統治するトゥルク、すなわちジェツゥン・ダムパの転生者を探すことを全面的に禁止した。僧院は略奪、破壊され、殺戮を逃れた僧侶たちは軍隊に入れられた。彼らは宗教を見つけるたびにこれを抹殺し、仏教の名でさえ消し去った。皆も、ウルガ（現ウランバートル）やその他の地方から届く噂を耳にしたことがあるに違いない。

赤い恐怖がわれわれの戸口にやってくるのは遠い日のことではない。衝突が起こるのはもはや時間の問題である。それは内側から生じるかもしれないし、外国からやって来るかもしれない。その時、われわれには自衛の準備がなければならない。さもないと、われわれの精神的伝統も生活様式も消えてしまうことだろう。ダライ・ラマやパンチェン・ラマという名前さえ、その他の師や各派の長や聖人の名前と共に忘れ去られることだろう。寺院は略奪され、破壊され、僧や尼僧は殺されるか放逐されるだろう。教えの王たち（チベットの主要な王）の偉業は打ち砕かれ、信仰や文化が生み出したすべての制度や機関は迫害され、破壊され、忘れ去られるだろう。われわれが生まれながらにして有する権利や財産は奪われ、われわれは征服者たちの奴隷となり、何の庇護もなく物乞いのようにさすらうことになるだろう。チベットの民はみな悲惨な生活を強いられ、大いなる苦しみと大いなる恐怖の中で、夜と昼の歩みは重くなるだろう。

ゆえに、平和と幸福がまだ力を持っているうちに、われわれが何かを成し遂げる力をまだ持っているうちに、迫りくるこの災禍から身を守るためにできる限りの努力を払わねばならない。穏健な手法が適切な場合は穏健な手法を用いよ。しかし、穏健な手法が適切でない場合は、より強力な手段を用いることを躊躇《ためら》うべきではない。まだ間に合ううちに素早く行動せよ。そうすれば、後悔を免れるだろう。

国の将来はわれわれの手中にある。私は皆に勧告する。大臣であろうと政府に仕える一介の役人であろうと、僧侶であろうと俗人であろうと、師であろうと弟子であろうと、政治指導者であろうと単なる臣下であろうと、皆は団結して立ち上がり、共通の利益のために各々の能力に応じて努力せよ。ひとりだけでは戦うことなどどままならぬとも、全員が団結すれば最終的に勝利することができる。内輪の争いや、個人のつまらぬ利害を巡ってのよしなし事にかまけることなく、本質的に大切なことのみに注目せよ。

われわれはすべての人の利益に適《かな》う建設的な動機をもって一丸《いちがん》となって戦い、仏の教えを守って生きねばならない。われわれがそのように行動すれば、代々のダライ・ラマを助けてチベットを護るよう尊師――パドマサンバヴァ――から命じられた護国神ネチュンの加護を受けることができるだろう。（中略）私の命が尽きるまでは、チベットの喜びと繁栄は保たれると私は感じている。その後は、大きな苦しみが訪れ、私が今述べた事を各人がどのように実行したかによって皆が味わう体験は異なるものとなるだろう。

（中略）あなた方は私に助言を求めた。以上が私の助言である。この助言をあなた方の胸に刻み、何をするにつけ、昼も夜もこの助言の神髄を適用するように努めるが良い。未来はあなた方の手中にあるのだから、私がここまで述べたことを注意深く反芻してほしい。最も重要なことは打ち負かすべきものを打ち負かし、果たすべきことを果たすことである。両者を混同してはならない」

（ロラン・デエによる解説とフランス語訳）

2　ウェブサイト Tibet-info.net に掲載されたコミュニケ（二〇〇八年一月一五日）

五つの主要チベット人組織が、二〇〇八年北京オリンピックを視野に入れた「チベット民衆蜂起運動」の開始を告げた。これは前例のない試み、組織的抵抗運動である。

一九五九年、中国による占領に抗議してチベット国民が蜂起した。それから五〇年目の節目を迎える数か月前、北京オリンピックが開催される。「チベット民衆蜂起運動」の組織者たちは、オリンピック期間中に抗議運動に加わり、チベット人亡命者たちの母国帰還行進を支持するよう世界中のチベット人に対して呼びかける。

「今日、一九五九年の蜂起の精神を思い起こし、チベット独立のために命を犠牲にしたすべての勇敢なチベット人たち、そして中国による容赦ない占領に抵抗し続けているすべての人々に思いを馳せ、中国によるチベット支配を終わらせるためにわれわれは統一運動を開始する」と、チベット青年会議（TYC）会長のツェワン・リグジンは宣言した。この運動の組織委員会は、中国の指導者たちは北京オリンピックを利用して現状を国際社会に認めさせ、不法なチベット占領を正当化しようとしている、と断じた。五〇年以上も続く弾圧と文化同化政策により、占領下にあるチベットの現状は惨憺たるものである。

「私たちは全世界のチベット人に対して、中国のオリンピック広報が大詰めを迎えている今こそ、この運動に参加するよう呼びかける。これは、チベット人の抵抗の声を［世界に］届け、自由を求める私たちの戦いを活性化する千載一遇のチャンスである。皆で団結してこのチャンスをとらえよう」と、チベット女性協会（ＴＷＡ）のＢ・ツェリン会長は語った。

「チベットへの行進」は亡命チベット人たちが発案した計画であり、本土に闘いを呼び戻して抵抗運動を高めることを目的とする。この行進は、一九五九年のチベット民族蜂起四九周年記念日にあたる二〇〇八年三月一〇日に始まる。チベット人は世界の至るところで、聖火リレーの期間中およびオリンピック大会の際、非暴力活動と集団抗議を組織するだろう。

元政治囚の団体「グチュスム」のガワン・ウバル会長は「五〇年を経た今、われわれ亡命チベット人は本土に帰還し、チベットのすべての兄弟姉妹と再び一つになることを決意している。これが、中国当局に向けたわれわれの力強く明快なメッセージである」と述べた。

3　中国知識人三〇人が出した声明（二〇〇八年三月二二日）

現在、中国の政府系メディアが繰り広げる一方的なプロパガンダは民族間の怨恨を煽り立て、現在の状況に端を発する緊張をいっそう高め、国家統一の保持という長期的目標を著しく損なっている。この種のプロパガンダをやめるよう、われわれは呼びかける。

平和を説くダライ・ラマの呼びかけをわれわれは支持し、その善意に従い、平和と非暴力の原則に立って民族紛争を好ましい形で解決することを希望する。罪のない民間人に対するあらゆる暴力行為をわれわれは強く非難し、中国政府による暴力的鎮圧を停止するよう強く促し、チベット族民衆もまた暴力活動を自制するよう呼びかける。

中国政府は「これはダライ・ラマ一派が細部に至るまで組織し、企図し、画策した事件だという十分な証拠がある」と宣伝している。政府がそうした証拠を提示することをわれわれは希望する。また、中国政府の主張とは相反する見方や不信の念が国際社会で高まっている以上、国連人権理事会による独自の調査を要請することを政府に提案する。中国政府が述べる証拠や事件のプロセス、死傷者の数について検証してもらい、疑念を払拭するためだ。

チベット自治区の中国共産党指導者は「ダライは袈裟をまとった狼、人面獣心の悪魔である」と述べているが、こういった文革時代さながらの言辞は事態鎮静化の助けとならず、中国政府のイメージを損なうと考える。何としても国際社会にとけ込もうと努力している中国政府であれば、文明化された近代国家の政府にふさわしい振る舞いを示すべきだと考える。

チベット自治区の責任者が「ダライ・ラマ一派が細部に至るまで組織し、企図し、画策した事件だという十分な証拠がある」と公表したのが、ラサで暴動が勃発した当日（三月一四日）だった点にわれわれは注目している。これは、チベット当局が暴動の発生を事前に予見していながら、その発生と拡大を防ぐ有効な手立てを何一つ取らなかったことを物語っている。職務怠慢がなかったかどうかを厳密に調査し、そういった事実があれば適切な処分を行うべきである。

もし今回の事件が「細部に至るまで組織され、企図し、画策された」と証明できなければ、今回起きたのは「民衆の決起」だったことになる。そうであれば、これを引き起こし、虚偽の情報を捏造して中央政府と国民を欺いた責任者が誰であるかを明らかにすべきだ。同時に、真摯な考察を行い、この経験から教訓を学び、同様の事件が二度と起きぬように努めるべきであろう。

われわれは、チベット族民衆の全員を対象にするような捜査や報復的措置を実施することがないよう、強く呼びかける。逮捕者の裁判は公開かつ公正で透明性のある司法手続きに則《のっと》って行われねばならない。さもないと、関係する各方面の納得は得られないだろう。

われわれは、人々の信頼を得ている国内外のメディアがチベット族居住地域で独自の調査、取材を行うことを中国政府が認めるよう強く促す。政府が真相を把握しているのであれば、どんなあら探しをされようとも何も恐れることはないはずである。開放的姿勢をとらぬ限り、中国政府に対する国際社会の不信を払拭することはできない。

われわれは中国民衆および在外華人に対し、冷静で寛容な態度を保ち、熟考するよう呼びかける。過激なナショナリズムを標榜することは国際社会の反感を招くだけであり、中国の国際的イメージをさらに損なうことになる。

一九八〇年代におけるチベットの抗議運動はラサに限られていたが、今回はチベット自治区各地に広がっている。こうした状況の悪化は、チベット政策に重大な欠陥があったことを示している。関係当局は深く反省し、欠陥を露呈した民族政策を根本から改めなければならない。

今回のような事態の再発を防ぐためには、中国憲法に明記されている信教の自由および言論の自由の権利を政府が尊重し、チベット民衆に自らの不満や希望を十分に表明させ、政府の民族政策について各民族が自由に批判、提言できるようにすべきである。

われわれは、民族間の怨恨を解消し、民族間の和解を実現することが必要であり、民族間の分裂を継続・拡大すべきでないと考える。国家の分裂を回避したいのであれば、何よりもまず民族間の分裂を避けねばならない。したがって、われわれは国家指導者がダライ・ラマと直接対話を行うよう呼びかける。漢族とチベット族が誤解を解き、交流を広げ、団結を実現することをわれわれは希望する。

政府部門であれ、民間組織であれ宗教人であれ、誰もがこの目的に向けて努力すべきである。

王力雄（北京、作家）、劉暁波（北京、フリーライター）、張祖樺（北京、憲法学者）、沙葉新（上海、作家、回族）、于浩成（北京、法学者）、丁子霖（北京、教授）、蔣培坤（北京、教授）、孫文広（山東、教授）、余傑（北京、作家）、冉雲飛（四川、編集者、トウチャ族）、浦志強（北京、弁護士）、滕彪（北京、弁護士、学者）、廖亦武（四川、作家）、江棋生（北京、学者）、張先玲（北京、エンジニア）、徐珏（北京、研究者）、李駿（甘粛、カメラマン）、高瑜（北京、ジャーナリスト）、王徳邦（北京、フリーライター）、趙達功（深圳、フリーライター）、蔣亶文（上海、作家）、劉毅（甘粛、画家）、許暉（北京、作家）、王天成（北京、学者）、温克堅（杭州、自由業）、李海（北京、フリーライター）、田永徳（内モンゴル、民衆の権利擁護活動家）、昝愛宗（杭州、ジャーナリスト）、劉逸明（湖北、フリーライター）、劉荻（北京、自由業）

4　二〇〇八年オリンピック北京開催誘致に関する欧州議会決議（二〇〇一年七月四日）

欧州議会は、

・中華人民共和国（ＰＲＣ）の現状に関する前回の決議を踏まえ、

・『ＰＲＣにおける重大な人権侵害』に対する憂慮を示した二〇〇一年三月一九日の欧州連合理事会の結論を踏まえ、

・北京が二〇〇八年のオリンピックを誘致していることを確認し、

・オリンピック憲章は「オリンピズムの目標は、至るところでスポーツを人間の調和のとれた発展に役立てることにある。その目的は、人間の尊厳保持に重きを置く、平和な社会を促進することにある」と明白にうたっていることを確認し、

A　ＰＲＣにおいて、言論の自由および民主主義を求めての示威運動に対して長年行われてきた弾圧が国際社会の抗議にもかかわらず現在も続いていることを考慮し、

B　信仰、民族、および、チベット人、ウイグル人、モンゴル人、および法輪功の活動をはじめとす

るその他の少数派に対する迫害を考慮し、

C　頻繁な死刑宣告や毎年一〇〇〇件を越える死刑執行、中国警察および軍で拷問が広範に行われている実態を考慮し、

D　PRCが人権および市民権に関する国際条約を未だに批准していないことを確認し、

E　欧州連合とPRCとの間で恒常的に対話が行われているにもかかわらず、中国当局が人権尊重に関して意味のある行動を何一つ起こしていないことを考慮し、

F　PRCにおける、自然環境および動物愛護に関する現状を憂慮し、

G　北京の二〇〇八年オリンピック誘致関連計画は歴史的街区の大部分の破壊と住民の北京市周辺地区への移住を伴うことを重視し、

H　国際オリンピック委員会が二〇〇一年七月一三日、モスクワにおいて二〇〇八年のオリンピック開催都市を決定することを想起し、

一　国際オリンピック委員会に対して、オリンピック開催候補国がおしなべて遵守しなくてはならない『人権と民主主義の原則』尊重を含むガイドラインを作成するように勧告する。

二　信仰の自由を含む普遍的な人権、市民としての権利、および政治的権利をPRCが公然と侵害していることを遺憾に思う。以上の重大な問題に加えてチベット、ウイグルスタン、南モンゴル

の民衆に対する弾圧があるゆえに、北京を二〇〇八年のオリンピック開催都市に選ぶことは不適切であると考える。

三　いずれにせよ、周期的に発生する水不足が環境におよぼすインパクト、北京とその周辺において大量の観光客がおよぼすインパクトと社会的影響に関して熟考するよう国際オリンピック委員会に対して促す。

四　PRCの当局が人権政策および民主主義と法治国家の促進に関する政策を根本的に変更した段階で、北京のオリンピック招致をあらためて検討対象とするよう国際オリンピック委員会に勧告する。

五　（EU）理事会、（EU）委員会、（EU）参加各国の立法府議長、そして国際オリンピック委員会にこの決議を送付する任務を議長に託す。

訳者あとがき

この本を訳してみないか、との話をいただいたのは昨年の八月であった。北京オリンピックのテレビ中継を片目で眺めながら原作を読んだことになる。三月にラサをはじめとするチベット各地で起きた騒乱の記憶も生々しい頃であった。個人的な体験としては、オリンピアでの聖火点火式に乱入して一躍有名になった「国境なき記者団」事務局長のロベール・メナール氏が長野の聖火リレーに合わせて来日、記者会見を行った際に会場で生の声を聞いている。この記者会見のさなかに「中国政府がダライ・ラマの代表と対話を再開する」とのニュースが飛び込み、メナール氏が「それは良いことだ」と頷《うなず》きながらも警戒心を解かぬ様子だったことも覚えている。

迂闊《うかつ》にも、二〇〇八年三月の騒乱が起こるまで私はチベット問題の何たるかを知らなかった。しかし、この本を読み進むにつれ昔の記憶が蘇った。幼いころに、世界の不思議な話を集めた子ども向けの本（小学生版「トンデモ本」である）の中で、本書でも紹介されている『第三の眼』からとったと思われるエピソードを読んだことがあるのだ。額に開孔手術を施し、薬草を詰めて……といった内容にいたく感心したことを思いだした。「神秘の国チベット」という漠然としたイメージを私が持っていたのは、この読書体験ゆえだろう。

著者ルノワール氏がチベットの農奴制度について触れている箇所を読んだ時、中学一年生の時に観た中国映画のことを思い出した。ぼんやりした一二歳の子どもは「チベットの話」とは認識できなかった。ただ、中国の勇敢で正義感にあふれた軍隊が虐げられた農民を解放する話、とは理解できた。印象に残っているのは、中国兵が迫りくるのに怯えた悪辣な僧侶が寺の中で無線を使って仲間（CIAだったかもしれない……）と交信しているシーンである。ポタラ宮も登場したと思う。どうやら、これは呉智英氏が「今まで観た中で一番面白かった映画」と絶賛している中国のプロパガンダ映画『農奴』であったらしい。なお、私がこの映画を観ることができたのは、某党の党員である叔母様から映画観賞券をもらった友人が誘ってくれたからである（ちなみに、同時上映されたのは北朝鮮の映画であった。タイトルは『千里馬』ではなかったか……）。

このように無知な私が訳者として適任ではなかったとしても、チベット問題にアプローチする第一歩としてこの本に出会えたことは幸いだったと思う。著者は「歴史的にみてチベットは中国の一部ではなく、独立した国家であった」という立場であるので、中国の見方を支持する人々はそれだけで「ダライ・ラマ寄り」というレッテルを貼ってしまうかもしれないが、非常に冷静に歴史的経緯を説明しているので多くの人を納得させることができよう。チベットが独立した主権国家であったことを認めながらも、著者は「中国による解放」以前のチベットにさまざまな問題があったことを指摘している。農奴制度はその一例である。また、社会制度の改革に応じようとしなかった貴族階級や大僧院、若かった現ダライ・ラマを補佐するはずの側近たちの腐敗ぶり、権力闘争についても率直に語っている。一九五九年にダライ・ラマがインドに脱出したのち、騒然となったラサで中国軍が行った制圧による犠牲者の数についても慎重な態度をとり、チベット亡命政府が挙げる数字をそのまま受け入れてはいない。

興味深いのは、仏教を中心とするチベットの精神史への言及、中国文化との違いの分析である。宗教一般に対する知識が豊かな著者の面目躍如たるところであり、西洋人の言葉による仏教や儒教の説明は新鮮で分かりやすい。なお、著者も触れているように一〇世紀から多くの仏教経典がチベット語に訳されたが、その後インドの原典の大半は失われてしまったためチベット語経典は学問的にも大きな価値を持っているそうだ。チベットの翻訳家たちが必要であれば新しい単語を作って正確な訳を心がけたため、サンスクリットの原典が推測できると聞く（同じ頃、ヨーロッパの僧院でも多くの修行僧が写本に取り組んでいたことを思い出す）。密教的な要素が強く、ダライ・ラマのような高位の僧が亡くなると転生者《てんしょう》（生まれ変わり）を探す、というチベットの仏教は神秘的そのものであるかのように思われるし、実際にそのような傾向も強いが、基本的には論理学を重んじ、僧たちは教義問答で理路整然と考えを披瀝《ひれき》できるように訓練を積むという。

欧米でダライ・ラマの人気が非常に高いことは以前から知っていたが、私にはこの本を読むまでその理由が今一つ納得できなかった。ダライ・ラマ本人の人柄や思想が第一の理由であることは言うまでもないが、何世紀も前から欧米に広まっていたチベットに対する関心、憧れがその根底にあるとは思いもよらなかった。亡命チベット人僧侶が書いたという触れ込みで世界的ベストセラーとなった『第三の眼』や、タンタン・シリーズの『タンタン　チベットをゆく（原題は「チベットのタンタン」）』もその延長線上にあったのだ。ちなみに、「チベットのタンタン」の中国語での出版には騒動があったらしい。版権を得た中国の出版社がタイトルを「TT在中国西蔵」、すなわち「中国チベットのタンタン」と勝手に改題したことを作者エルジェの未亡人が知って激怒したそうだ。中国がチベット問題にいかに過敏であるか分かる。

なお、この本はフランスで二〇〇八年六月に出版された。北京オリンピックをボイコットすべきかフランスをはじめとする国々で議論がかまびすしい頃であった。そのため、オリジナル版には「北京をオリンピック開催都市に選ぶのは正しかったたか？　北京オリンピックはボイコットすべきか？」と題したQ＆Aもあった。しかし、オリンピックが終了している以上、この項目は外すべきではないか、と著者から打診があり、日本語版では割愛した。幻となったその内容をここで簡単に紹介したい。

著者はまず、二〇〇一年七月五日、すなわち二〇〇八年のオリンピック開催都市決定の一週間前に欧州議会が採択した決議に言及している。同決議は、中国における信教の自由の否定を含む人権蹂躙やチベットをはじめとする少数民族への弾圧を理由に挙げ、北京をオリンピック開催都市に選ぶことはオリンピック憲章に照らして不適切である、と国際オリンピック委員会（ＩＯＣ）に警告している。そのうえ、どの都市を選ぶにせよ、ホスト国が本当に人権を尊重しているかを判定する具体的な基準を定め、その遵守を義務づけるべきだ、と提案している（この決議の全文は参考資料４に掲載）。しかし、ＩＯＣは中国側の「民主化に努める」という曖昧な約束に満足して北京を選んでしまった（『国境なき記者団』のメナール会長も来日記者会見において、この点でＩＯＣを強く批判していた）。

それでは北京オリンピックをボイコットすべきか？　著者の答えは否《いな》であった。ボイコットしても、中国の国民はその理由を理解することなく屈辱と受け止めるだろうし、偏狭な愛国心が高まり、チベットをはじめとする少数民族への弾圧はむしろエスカレートするだろう、との判断からだ。その上で、かすかな希望も表明している。すなわち、オリンピックで大勢の外国人が中国を訪れるとなると、中国の公安が目を光らせているとは言え、中国の一般市民と外国人との接触があるだろう。そうした接触を通して中国社会が目に見えぬ形で変わることを、著者は期待していたのである。

北京オリンピックが終わり、中国当局とダライ・ラマ亡命政府との対話はまたも暗礁に乗り上げている。中国の隣人である私たち日本人は何をすべきか。中国を一番重要な貿易相手とする日本、日中戦争の過去を引きずっている日本はチベット問題に関して中国に侃諤《かんがく》できるだろうか。残念ながら、政治レベルでは難しいだろう。しかし、民間レベルでは可能なことがあるのではないか。幸いに日本は民主主義国家であり、言論の自由がある。政治家や中国市場を重んじる企業のトップが言えないことも国民やメディアは口に出すことができる。そのためにもまずは、チベットとその歴史に関して正しい知識を持つことが重要だ。そして、平和的な交渉による解決を願うダライ・ラマに歩調を合わせ、冷静に主張すべきことを主張すると良いと思う。間違っても、「ダライ・ラマは袈裟をかぶった獣」と同レベルの罵詈雑言を中国に浴びせるような振る舞いは慎むべきだ。中国と日本との間での人的交流が盛んなことを考えると、「チベットが常に中国の一部であった」という中国の公式見解に疑問を持つ中国人が次第に数を増すのではなかろうか。甘い考えかもしれないが、ダライ・ラマとともに真実が持つ力を信じたい。

最後に、翻訳を手伝ってくださった大町仁、三浦洋子、田島葉子、鈴木知子（ダラムサラの写真も提供）の各氏、編集にあたったスタジオ・フォンテの赤羽高樹さん、そして訳者の度重なる問い合わせに丁寧に応じてくれた著者本人に篤くお礼申し上げます。

神田順子

〔著者・訳者紹介〕
Frédéric Lenoir（フレデリック・ルノワール）
1962 年マダガスカルで生まれ、パリで育つ。フリブール大学（スイス）で哲学を学ぶ。ファイヤール社編集者を経て著作活動に入り、フランス国立社会科学高等研究院（EHESS）客員研究員、『宗教の世界』誌編集長をつとめる。ダライ・ラマに関するドキュメンタリーを制作、ロラン・デエとの共著『チベットの波乱に満ちた歴史』をはじめ、仏教書『フランスにおける仏教』『仏教と西洋の出会い』、エッセー『哲学者キリスト』、小説『ルナの神託』、歴史ミステリー『天使の約束』などの著書があり、多方面に活躍中。

神田　順子（かんだ・じゅんこ）
1952 年、東京生まれ。上智大学外国語学部仏語科卒、同大学仏文科大学院博士課程前期修了。ビジネスをはじめ幅広い分野で通訳、翻訳家として活躍中。訳書にガリマール社の旅行ガイド『フィレンツェ』『ローマ』（同朋舎出版、共訳）、『塩の博物誌』（東京書籍）、『急いでいるときにかぎって信号が赤になるのはなぜ？』（共訳、東京書籍）、『ダライ ラマ　真実の肖像』（二玄社）など。

〔写真提供〕Lotus プロジェクト、目本祐介

チベット　真実《しんじつ》の時《とき》 Q&A

2009 年 3 月 25 日　初版発行

著　者　フレデリック・ルノアール
訳　者　神田　順子

発行者　黒須　雪子
発行所　株式会社　二玄社
東京都千代田区神田神保町 2-2　〒 101-8419
営業部／東京都文京区本駒込 6-2-1　〒 113-0021
電話 03-5395-0511　FAX 03-5395-0515
URL http://www.nigensha.co.jp

編集協力　株式会社スタジオ・フォンテ
印　刷　モリモト印刷株式会社
製　本　株式会社　越後堂製本

ISBN 978-4-544-05304-3